JN110434

# 東北新幹線沿線の不思議と謎

栗原 景
Kageri Kurihara

JIPPI Compact

実業之日本社

# はじめに

東北新幹線と、それにつながる北海道新幹線は、戦後の鉄道史を映す鏡だ。高度経済成長期に国土発展を願って計画されたが、国鉄の財政悪化と経済構造の変化に翻弄され、それでも完成後は沿線の発展に大きな役割を果たしてきた。JR発足に際しては、国鉄「分割」を象徴するかのように東海道新幹線との直通構想が消え、今は採算の見込みが厳しい北海道新幹線が、大きな期待を背負って建設されている。

東北・北海道新幹線のルートは、東海道新幹線のそれとは特徴が異なる。計画からわずか7年で開業した東海道新幹線は、山や市街地を避けるなど、多少カーブが増えても少しでも早く建設できるルートをとった。一方東北・北海道新幹線は地形や障害物をほとんど気にしていないかのように、トンネルと高架線を駆使した直線的なルートで北をめざしている。

とはいえ、国鉄や自治体の記録を読んでいくと、現在のルートに決定するまでにはさまざまな経緯があった。特に東北新幹線が建設されたのは、新幹線が騒音・振動公害の元凶とされた時代。いかに静かな新幹線を実現し、沿線住民に理解を得て新幹線を建設するか……。いま、毎日当たり前のように列車が行き来している東北・北海道新幹線のルートには、そんな人々の工夫と苦悩が詰まっている。

本書では、第1章で東北・北海道新幹線のルート選定、駅設置にまつわるエピソードを、第2章で列車や車両、座席についてのうんちくを紹介している。第3章では、東北・北海道新幹線から見える車窓風景の中から、「あれは何だろう」と不思議に思うような話題を取り上げ、ページの許す限り紹介した。第4章では、東北・北海道新幹線の全26駅について、駅のプロフィールに留まらないさまざまな雑学を紹介している。

東北・北海道新幹線は、調べれば調べるほど奥が深い。ページの都合で割愛したエピソードもたくさんある。本書を片手に東北・北海道新幹線の列車に乗車し、旅が少しでも豊かになれば幸いだ。

2021年11月

栗原　景

# 目次

## 第1章 東北新幹線ルートの不思議

## 第2章 列車の不思議

## 第3章　沿線の不思議

## 第4章 各駅の秘密

〈主な参考文献〉

東北新幹線工事誌 大宮・盛岡間 （日本国有鉄道） 1983年
東北新幹線工事誌 上野・大宮間 （日本国有鉄道） 1986年
東北新幹総合試験線線工事誌 （日本国有鉄道東京第三工事局） 1979年
東北新幹線工事誌 大宮・雀宮間 （日本国有鉄道東京第三工事局） 1984年
東北新幹線工事誌 雀宮・黒川間 （日本国有鉄道東京第二工事局） 1984年
東北新幹線工事誌 黒川・有壁間 （日本国有鉄道仙台新幹線工事局） 1983年
東北新幹線工事誌 有壁・盛岡間 （日本国有鉄道盛岡工事局） 1982年
東北新幹線工事誌 盛岡・八戸間 （日本鉄道建設公団盛岡支社） 2003年
東北新幹線工事誌 八戸・新青森間 （鉄道運輸機構鉄道建設本部青森新幹線建設局） 2012年
北海道新幹線工事誌：本州方（鉄道運輸機構青森工事事務所） 2019年
北海道新幹線工事誌：北海道方 （鉄道運輸機構北海道新幹線建設局） 2020年
新幹線50年史 （交通協力会） 2015年
東北新幹線くりこま高原駅小史 （宮城県栗原地方町村会） 1991年
日本鉄道請負業史 昭和（後期）篇 （日本鉄道建設業協会） 1990年
さいたま市史 鉄道編 （さいたま市史） 2017年
日本初の私鉄「日本鉄道」の野望 （中村建治／交通新聞社） 2011年
新幹線ネットワークはこうつくられた （高松良晴／交通新聞社） 2017年
高架鉄道と東京駅 上下 （小野田滋／交通新聞社） 2012年
青函トンネル物語 （青函トンネル物語編集委員会／交通新聞社） 2013年
整備新幹線 紆余曲折の半世紀 （鶴通孝／成美堂出版） 2018年
新幹線の歴史 （佐藤信之／中央公論新社） 2015年
東北・上越新幹線 （岡山惇／中央公論社） 1985年
新幹線大上野駅 （高木文雄、塩田道夫／日本文芸社） 1985年
国鉄・JR列車名大事典 （寺本光照／中央書院） 2001年
東北・上越新幹線 （山之内秀一郎／JTBパブリッシング） 2001年
JR東日本全線【決定版】鉄道地図帳12 東北・山形・秋田新幹線 （学研パブリッシング） 2010年
よみがえる新幹線 0系・100系・200系 （三品勝暉／学研） 2014年
新幹線50年の時刻表　上・下 （交通新聞社）2014年
【図説】日本の鉄道 特別編成全国新幹線ライン全駅・全車両基地 （川島令三／講談社） 2016年
車窓展望の山旅 （藤山一美、田代博／実業之日本社） 2000年
広報おおだて （大館市） 1972～1973
日本列島100万年史 （山崎晴雄、久保純子／講談社） 2017年
東京の自然史 （貝塚爽平／講談社） 2011年
伊奈町史 通史編2 （伊奈町教育委員会） 2001年
小山市史 通史編3 （小山市史編さん委員会） 1987年
宇都宮市史第7巻 （宇都宮市史編さん委員会） 1980年
仙台市史 通史編9 （仙台市史編さん委員会） 2013年
築館町史 増補版 （築館町教育委員会教育総務課） 2005年
盛岡市議会史 第6巻 （盛岡市議会史編さん委員会） 1996年
金ヶ崎町史3 （岩手県金ヶ崎町） 2006年
新編八戸市史 通史編３ （八戸市史編纂委員会） 2014年
古川市史 第4巻 （古川市史編さん委員会） 2007年
よくわかる青森県2009年版 青森県企画政策部企画調整課
青森県企画史：三十五年の歩み（青森県企画史編集委員会） 1982年
青森県史 通史編3 （青森県史編さん通史部会） 2018年
国鉄監修 交通公社時刻表／JTB時刻表各号（日本交通公社／JTBパブリッシング）

第1章

# 東北新幹線ルートの不思議

ルートはまっすぐ、なるべくカーブもゆるやかに。
そんなルートはどうやって決まったの？
都合よくいったのか、
複数ルートが検討されたのか。
決定に至るまでの紆余曲折。

# 東海道新幹線とは異なる理由で建設された東北新幹線

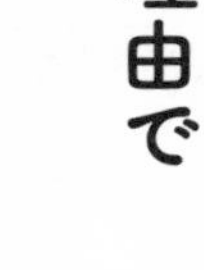

東北・北海道新幹線は、東京から新青森を経て新函館北斗までを結ぶ、全長８２３・７キロの新幹線だ。1日上下合わせて最大約２６０本（２０２１年度）もの列車が行き交い、年間旅客数量は約９０００万人（２０１９年度）に及ぶ。最高時速３２０キロを誇るＥ５・Ｈ５系「はやぶさ」、在来線に乗り入れて秋田まで直通するＥ６系「こまち」、同じく在来線を経由して山形・新庄まで走るＥ３系「つばさ」など、個性豊かな車両が運行されている。現在は東京〜新函館北斗間で運行されている東北・北海道新幹線が初めて開業したのは、１９８２（昭和57）年6月23日のこと。大宮〜盛岡間４６５・２キロを、最高時速２１０キロの「やまびこ」が3時間17分で結んだ。２０２１（令和３）年は、同じ区間を最速の「はやぶさ」が1時間46分で結んでいる。約40年で所要時間はほぼ半分に縮められた。東北・北海道新幹線は開業後も劇的な進化を続けている。

東北新幹線は、１９６４（昭和39）年開業の東海道新幹線、１９７５（昭和50）年に全線開業した山陽新幹線に次いで3番目に開業した新幹線だ。しかし、建設までの経緯は先の2路線とは大きく異なる。東海道・山陽新幹線は、「今までの鉄道では旅客も貨物も運び

東北地方開発の起爆剤としても期待された東北新幹線　郡山～福島間
写真：Photolibrary

きれなくなることは間違いないので、最新の技術で急いで線路を増やそう」という差し迫った理由で建設された。一方、東北新幹線以降の新幹線は「大成功を収めた東海道新幹線の技術を使って、地方をうんと便利にして国の価値を高めよう」という、公共投資の発想で作られている。

東海道新幹線は、関係者も驚くほどの成功をおさめたプロジェクトだ。計画段階では「もう鉄道の時代ではない」「現代の万里の長城」などと批判する声も多かった。蓋を開けてみれば単に東京～大阪間の輸送力を増強しただけでなく、東京・名古屋・大阪を完全な日帰り圏に変え、伊豆や京都といった観光地を訪れる人も大幅に増えるなど、沿線地域の活性化に大きな役割を果たした。

## ――今では信じられないほど景気のよい整備計画が真面目に議論される

新幹線による恩恵を、東海道・山陽以外の全国に拡げて地方の発展に役立てよう。そうした意見が出てくるのに時間はかからなかった。1969（昭和44）年5月、政府は全国の国土開発計画をまとめた「新全国総合開発計画」を閣議決定する。この中で、北は道北から南は鹿児島、四国や山陰なども含めた全国7000キロの新幹線網を建設する案が発表された。さらに1970（昭和45）年3月には、運輸大臣の諮問機関である鉄道建設審議会が全国9000キロもの計画案を発表。現在の感覚では信じられないほど景気のよい話が真面目に検討された。

1970年5月には「全国新幹線鉄道整備法」が公布された。この法律では「新幹線」を最高速度200キロ以上で走行する鉄道と定義し、建設するための基本的な手続きを定めた。翌1971（昭和46）年1月には、今後建設するべき新幹線として東北新幹線（東京～盛岡間）、上越新幹線（大宮～新潟間）、成田新幹線（東京～成田空港間／後に中止）の3路線を選定。東北新幹線は、東海道・山陽新幹線と相互直通運転を行って、北海道から九州までを新幹線で結ぶ日本の大動脈になるという使命を背負うことになった。

1972（昭和47）年6月には、「日本列島改造論」を唱えた田中角栄内閣のもと、東北

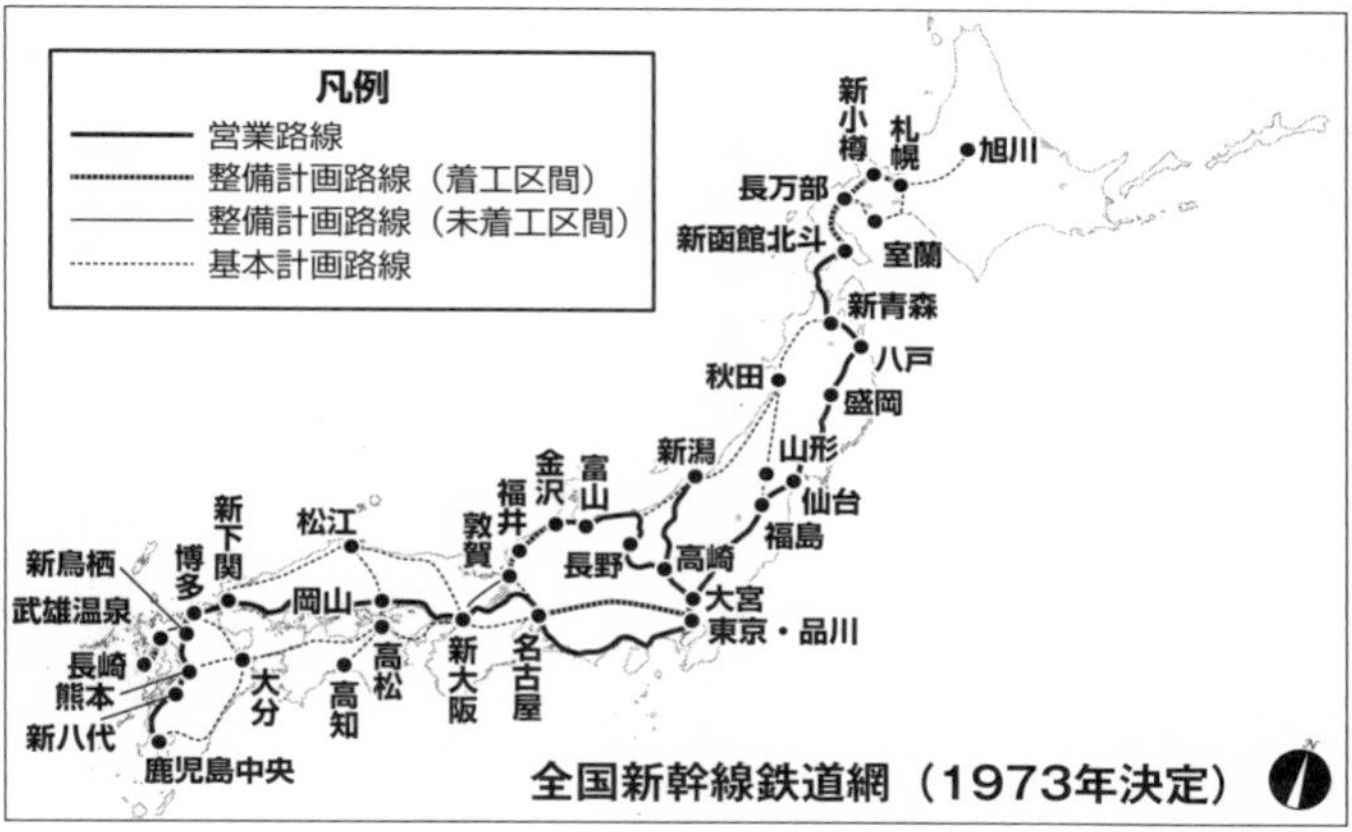

全国新幹線鉄道網（1973年決定）

新幹線（盛岡～青森間）、北海道新幹線（青森～札幌間）、北陸新幹線（高崎～金沢～大阪間）、九州新幹線（福岡～鹿児島間及び福岡～長崎間）の5路線について整備計画が決定されたが、まもなく変動相場制のきっかけとなったニクソンショックと、第四次中東戦争を端緒とする第一次オイルショックが発生。日本の高度経済成長は終わり、以後建設に莫大なお金がかかる新幹線の建設は迷走を重ねることになる。１９７３（昭和48）年11月には基本計画路線が決定されたが（上図）、東北新幹線が新青森まで全線開業したのは、１９７２年の基本計画決定から実に38年後のことだった。

全線開業までに紆余曲折のあった東北新幹線には、ルート選定や駅名などに、実にさまざまな苦労のエピソードが隠れている。そのいくつかを紹介しよう。

# 区間によって最高速度がバラバラな東北新幹線

国内最速、最高時速３２０キロを誇る東北新幹線。だが、すべての区間で３２０キロ運転ができるわけではない。実は１３０キロ、２７５キロ、２６０キロなど、区間ごとに最高速度が大きく異なる。

東京周辺は遅い。東京～上野間は１１０キロ、上野～大宮間は１３０キロだ。建物が密集した市街地に新幹線を通すためなどから在来線と並走するルートをとり、在来線規格の急カーブが多数存在するためだ。特に上野～大宮間は、騒音公害を懸念した新幹線建設反対運動が激しく（26ページ）、１９８５（昭和60）年の開業以来１１０キロに抑えられていた。開業から36周年となる２０２１（令和3）年3月、防音壁の増設などによって荒川からさいたま市与野地区までの区間で最高速度が１３０キロに引き上げられ、上野～大宮間は１分短縮して所要19分となった。

大宮駅を発車すると、新幹線はやっと本気を出す。大宮以北は、１９７１（昭和46）年の時点で「将来の２６０キロ運転を想定」して設計され、その後の技術革新によって段階的に最高速度が引き上げられた。それでも大宮～宇都宮間は最高時速２７５キロだ。この

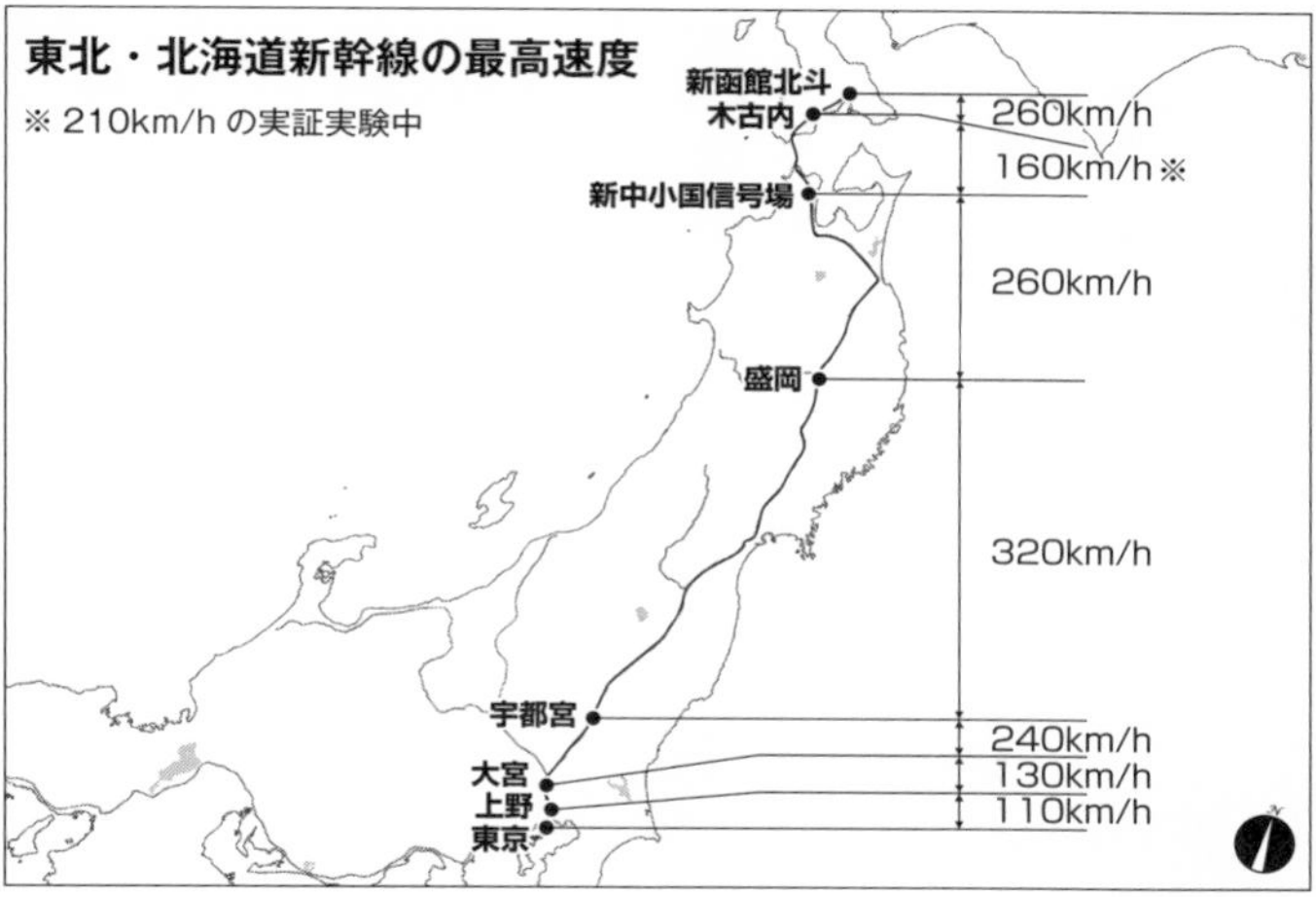


あたりは伊奈、久喜、南栗橋といった住宅密集地が点在し、騒音の環境基準（75デシベル以下）をクリアできない場所があるからだ。

　宇都宮駅を過ぎると、いよいよ最高時速３２０キロの区間となる。といっても、宇都宮駅からしばらくは２９０キロ台で走り、鬼怒川を渡るあたりから３２０キロに近づく。本当に３２０キロ出してしまうと自動的にブレーキが作動してしまうので、実際の最高速度は３１７キロ程度だ。東北新幹線ならではのスピードを特に楽しめるおすすめの区間は、直線主体でトンネルが少ない郡山〜白石蔵王間と古川〜一ノ関間だ。なお、３２０キロ運転を行うのはＥ５・Ｈ５系「はやぶさ」とＥ６系「こまち」だけで、同じＥ５系でも「やまびこ」「なすの」として運行する場合は２

75キロ止まりとなる。

盛岡以北は少々事情が異なる。東北新幹線盛岡〜新青森間と北海道新幹線は、大宮〜盛岡間と同じ規格で設計されているが、高額な建設費を処理するため建設は独立行政法人鉄道・運輸機構（JRTT）が行い、JR東日本とJR北海道に施設を有償で貸し付けている。盛岡以南はJR東日本が所有し、自由な技術開発によって320キロ運転を実現したが、盛岡以北は設計時の「260キロ運転」を前提に貸し付けられているので、JRは勝手に最高速度を上げることができない。トンネルなどの防音設備も、260キロ運転を前提とした仕様となっている。もっとも、JR東日本はJRTTや政府とも相談のうえ、現在独自に防音設備の増設を開始している。盛岡〜新青森間については、2027年頃までに最高時速を320キロに引き上げる計画だ。実現すれば、盛岡〜新青森間は現在の47分から5分程度短縮される。

## ――貨物列車とのすれ違いを考慮して減速している青函トンネル

青函トンネルはもっと特殊だ。青函トンネルを含む約80キロの区間は、在来線の海峡線と施設を共用しており、新幹線と貨物列車がすれ違うことがある。新幹線が時速260キロといった高速で走行すると、すれ違い時の風圧によって、貨物列車の積荷が最悪の場合荷崩れを起こしてしまうかもしれない。そこで、新幹線開業当初、在来線との共用区間では新幹線の最高速度を在来線時代の特急と同じ140キロに落として運行した。

もっとも、この140キロという数字に科学的根拠があったわけではない。260キロで走行すると本当に貨物列車に荷崩れのリスクが生じるのかもはっきりしておらず、「念のため在来線時代と同じ速度で走って様子を見る」という意味合いが強かった。JR北海道は北海道新幹線開業後も青函トンネル内で実験を重ね、特に問題がなかったことから2019（平成31）年3月のダイヤ改正で共用区間の最高速度を160キロに引き上げた。これにより所要時間は4分短縮され、東京～新函館北斗間の所要時間が最速3時間58分となって、「3時間台」を実現した。現在は、貨物列車が少なくなるお盆や年末年始に、列車を限定して210キロで走行する実証実験が行われている。

北海道新幹線が全線開業した暁には盛岡～札幌間の320キロ運転、さらに将来は360キロ運転もめざしており、もし実現すれば東京～札幌間は4時間台で結ばれるともいわれている。

## 東京駅の東北新幹線ホームの番号が連続していないわけ

東北新幹線の始発駅、東京駅はホームの番号が独特だ。在来線地上ホームは1～10番線だが、東北・上越・北陸新幹線は20～23番線。そして東海道新幹線は14～19番線だ。ホームの番号がバラバラなのはなぜだろう。それは、１９９７（平成9）年に東北新幹線のホーム番号が、東海道新幹線と区別するために変更されたからだ。

東北新幹線東京～上野間が開業した１９９１（平成3）年当時、東京駅は在来線が1～10番線、11番線はホームのない回送線で、東北新幹線は12・13番線の1面2線、14～19番線を東海道新幹線が使っていた。かつて東北新幹線の建設が決まった頃は、東海道新幹線の乗り場は16～19番線の2面4線。将来の東北新幹線は在来線の12～15番線を改築して2面4線を用意し、東海道新幹線と直通運転を行うはずだった。

ところが、東北新幹線の計画はどんどん遅れ、一方東海道新幹線の輸送量は激増していった。やむを得ず、１９７５（昭和50）年3月から東北新幹線用の15・16番線を暫定的に東海道新幹線用として使うことになったが、東北新幹線の東京駅乗り入れが迫っても、東海道新幹線の乗り場を減らすことはできなかった。その結果、東北新幹線の乗り場は12・

現在は２本の島式ホームに四つの乗り場がある（２面４線）東北・北海道新幹線東京駅

13番線だけになってしまう。北陸新幹線の開業を控えたＪＲ東日本にとって、東京駅の新幹線乗り場が1面2線だけというのは無理があった。そこで、丸ノ内口の赤レンガ駅舎と当時の1・2番線の間に高架線による新しい1面2線のホームを建設して従来の1〜8番線を3〜10番線にスライド。旧9・10番線を新幹線用ホームに改造して2面4線を確保し、北陸新幹線（当時は長野行新幹線）の開業を7カ月後に控えた1997（平成9）年3月改正から使用を開始した。この時、東海道新幹線と明確に区別するため、東北・上越・北陸新幹線の乗り場に20番台の番号を与えたのだ。不思議なホーム番号は、新幹線同士の争いから生まれた。その経緯は、拙著『東海道新幹線沿線の不思議と謎』に詳しい。

# 本当は計画になかった上野駅

東京駅を離れた列車は、秋葉原駅付近で第1上野トンネルに入り、地下4階の上野駅に到着する。東京の北の玄関として明治時代から親しまれ、1985（昭和60）年から1991（平成3）年までは東北新幹線の始発駅だった。東京〜上野間が開業した現在もほとんどの列車が停車するが、地下深くにあり乗り換えに時間がかかることもあって利用者はさほど多くなく、広大なコンコースはガランとしている。

この新幹線上野駅、実は当初は計画になかった。1971（昭和46）年に東北新幹線の計画が策定された時点では、東京駅を発車した列車は秋葉原付近で地下に入ると在来線の下を離れ、上野公園の地下を通過して日暮里付近で地上に出てくる計画だった。東北新幹線は、東海道・山陽新幹線と直通運転を行い札幌から博多までを結ぶ日本の大動脈になる構想で、東京駅から3キロしか離れておらず密集地にある上野駅は想定されていなかった。

これに異を唱えたのが、上野駅の地元、台東区の人々だ。台東区は、東北新幹線の建設計画が具体化する前の1969（昭和44）年12月に区議会で「上野駅を東北新幹線の起点とすることの意見書」を採択するなど熱心な誘致活動を行っていた。しかし国鉄は「新幹

まるで宮殿のように豪華ながらガランとした東北新幹線上野駅

線のスピードや勾配の関係から上野駅停車は不可能」として上野駅設置を否定し、1971（昭和46）年4月に東京駅始発を内定。台東区の人々は、それでも「東北の玄関である上野駅を素通りすることは容認できない」と、誘致運動を継続した。

この運動に、意外な味方が現れる。当時の美《み》濃《の》部《べ》亮吉《りょうきち》東京都知事だ。革新系政党の推薦を受け公害問題に強い美濃部都知事は「トンネル建設によって不忍池《しのばずのいけ》の水が枯れたり、水脈が断ち切られたりしてはならない」と、環境問題を理由に東北新幹線の上野公園地下の通過に難色を示したのだ。これに力を得た台東区の人々は「新幹線上野駅誘致実現期成同盟」を結成し、署名活動や有力政治家への働きかけを行っていった。1974（昭和49）

年に入ると上野駅誘致問題は国会でも取り上げられ、国鉄は「上野に駅を建設することは不可能」と従来の答弁を繰り返したものの、次第に上野駅設置を容認する空気が生まれていったのである。

## ――東海道新幹線の成長が上野駅設置を促す

同じ頃、上野駅設置を後押しするもう一つの流れが生まれていた。東海道新幹線の輸送量増加による乗り場拡張問題だ。18ページで紹介したように、東京駅の新幹線乗り場は4面8線ぶんのスペースが確保されていた。東海道新幹線と東北新幹線が2面4線ずつ使用し、一部の列車は直通運転を行うことになっていたのだ。ところが、1975(昭和50)年3月から14～15番線が東海道新幹線の乗り場に転用される。東北新幹線の東京駅は12～13番線の1面2線となり、発着できる列車の数が大幅に制限されてしまった。

そこで注目されたのが、上野駅にもう一つのターミナルを設置することだった。上野駅に2面4線の乗り場を作り、一部の列車を上野発着とすれば、東京駅の足りない乗り場を補うことができる。東京駅への一極集中を避けられ、防災上も有利であるという考え方が台頭したのである。

そうした情勢を素早く察知したのが、美濃部都知事だった。美濃部都知事はそれまで騒音・振動公害への懸念から東北新幹線に反対の立場を取ってきたが、この頃から「地下線なら容認」と受けとれる発言を始める。「上野公園の地下はダメだが、それ以外の地下なら容認」。それは上野駅地下の通過を後押しする発言だった。1977（昭和52）年3月には、高木文雄国鉄総裁と美濃部都知事のトップ会談が実現。都知事から正式に上野駅設置が要望され、同年11月、ついに上野駅設置が正式に決定したのである。

上野駅は、在来線を日々運行しながら、その直下40mに新駅を作るという難工事で、800億円を超える費用をかけて1985（昭和60）年3月14日に開業した。だが、1991年に上野〜東京間が開業すると列車の多くは東京駅発着となり、上野駅を利用する人は大幅に減った。地下鉄などを避けて地下4階に設置された新幹線上野駅は乗り換えに手間がかかるうえ、乗客の心理として始発駅から乗車した方が安心だ。このため多くの乗客が東京駅に流れてしまったのだ。1997（平成9）年に東京駅の東北・上越・北陸新幹線ホームが2面4線に拡張されると、上野始発の列車はほとんどなくなり、上野駅の利用者はさらに減少した。現在、新幹線上野駅の1日平均利用者数は1万1902人。同7万5002人が利用する東京駅の7分の1に留まっている（データは2019年度）。

## !? 長大トンネルで駆け抜けるはずだった？ 上野～大宮間のひみつ

上野駅から大宮方面へ向かう東北新幹線は、日暮里駅構内で再び地上に出て、赤羽駅付近からは埼京線と並走して大宮に向かう。大宮までの最高速度は１３０キロ。スピードが在来線並みに低く抑えられているのは在来線規格の急カーブが連続しているからだ。東海道新幹線も、都内では用地確保のために在来線と並走する形で建設され、最高速度は１２０キロに抑えられている。だが、東北新幹線は事情が少々異なる。

１９７１（昭和46）年10月に東北新幹線の建設が認可された時、東京～大宮間のうち埼玉県側は、全長10・６キロの南埼玉トンネルを経由することになっていた。赤羽から荒川までは、荒川の土手付近をまっすぐ北西へ直進し荒川を斜めに横断。現在の埼京線戸田公園駅付近からトンネルに入り、新幹線規格の緩やかな曲線で北をめざし、現在さいたまスーパーアリーナがある大宮操車場付近で地上に現れ大宮駅に進入する。このルートが実現していれば、トンネル内では時速２００キロ以上の高速運転が可能となる。東京～日暮里間も上野公園の地下をまっすぐ北上する計画だったから、東北新幹線は東京駅を発車するとまもなくスピードを上げて、大宮までは15分程度で到着できるはずだった。

上野〜大宮間には高架線の両側に「環境空間」と呼ばれる緩衝地帯が設けられている 戸田駅付近

だが、この計画は工事認可の1年半後にあたる1973（昭和48）年3月に変更され、赤羽〜大宮間を全線高架線経由とすることが提示された。理由は、埼玉県内の地質だ。荒川の流域は荒川低地と呼ばれ、川の流れや海水によって運ばれた砂やシルト、泥といった、サラサラあるいはドロドロとした地質が主体で、水を多く含み固まっていない。さらに埼玉県南部は戦後の都市化によって地下水がくみ上げられ、地盤沈下が深刻化していた。それも、時期や地域によって沈下量は変わり、ある地域が年間10センチ以上沈下したのに、その隣では4センチ未満に収まるといったことが頻繁に発生していた。

このような軟弱な地盤に長大トンネルを通せば、地域ごとに異なる地盤沈下によってトンネルに歪みが発生する恐れがある。そこで国鉄は長大トンネル案を断念して高架線経由に計画を変更したのである。しかしこの場合、市街地を新幹線が通過するため、地元からの強い反対が予想された。この時期、新幹線の騒音と振動が社会問題化していたのだ。

## ――新幹線を建設するために生まれた埼京線

そこで国鉄は、赤羽〜大宮間を地上高架線とする代償として、新幹線に併設する形で在来線の「通勤新線」を建設する構想を発表した。沿線に鉄道を作り便利にする代わりに新幹線を作らせてほしいというわけだ。これが、現在の埼京線だ。通勤新線を併設するために、新幹線は市街地に沿ったルートに改められ、在来線規格の曲線が設けられた。つまり、東北新幹線の建設計画が先にあり、それを実現するために提案されたのが埼京線だった。

埼玉県は、それ以前から都営三田線を北へ延伸して戸田、浦和を経由して大宮市西部に至る路線の建設を計画していた。国鉄案に乗れば、タダで通勤新線を実現できる。埼玉県にとってはメリットの大きい提案に見えたが、やはり新幹線が地上を通過することへの反発は大きかった。東京側でもルートが変更され、赤羽台地の上にある星美学園の真下を新幹線が通過する計画になったことから、激しい建設反対運動を招いてしまう。国鉄は、騒音・振動に関する環境基準の完全達成などの条件を受け入れることで沿線自治体と合意したが、反対派住民による激しい反対運動は１９８４（昭和59）年まで続き、上野～大宮間の開業は１９８５（昭和60）年３月まで遅れた。

上野～大宮間のうち、荒川を渡った先の区間では、高架線の左右に建物のない緑地や公園、あるいは空き地が続いている。これは、環境基準を達成するために国鉄が取得した「環境空間」だ。実際の新幹線用地に加えてこの空間を国鉄が買い取ることで、騒音・振動の被害を被る家屋が存在しないようになっている。新幹線開業から36年を経た現在、その一部は道路や公園、あるいは建物になったものの、いまだに全く使われていない空き地も多い。

環境空間と合わせて、最高速度も開業以来１１０キロに抑えられていたが、こちらは車両技術の進化や防音設備の充実などによって、２０２１（令和３）年３月から一部区間で１３０キロに引き上げられている。

# 上越新幹線との分岐点はどうして大宮から遠いのか

大宮の先で、東北新幹線は上越新幹線と分岐する。二つの新幹線の分岐は大宮駅のすぐ先にあり、この先上越新幹線側と行き来することはできない。だが、実際に二つの高架線が左右に分かれるのはしばらく先だ。鉄道博物館を過ぎ、右に緩やかにカーブして在来線を乗り越えると、4本の線路が並んだ状態で4キロの直線区間に入る。

すでに分岐を終えたのに、なかなか高架が分かれない理由。それは「上越新幹線が新宿駅起点になるはずだったから」だ。

首都圏と新潟を結ぶ上越新幹線は、東京〜大宮間で東北新幹線の線路を使用しているが、設計時点では将来的に新宿駅を起点とする構想があった。新宿駅の乗り場は、当時の新宿貨物駅、現在の南口タイムズスクエア付近が想定され、新宿〜大宮間は東北新幹線とは別のルートになる構想だった。

大宮駅で接続する以上、新宿発盛岡行きや新潟発東京行きといったように、互いに乗り入れられるようにしたい。また、当時は大宮駅が今ほど重要視されておらず、「ひかり」タイプの速達列車の多くは大宮駅を通過するものと想定された。つまり、東北・上越新幹

東北新幹線と上越新幹線の高架線が実際に分かれる地点には、埼玉新都市交通「ニューシャトル」の車両基地がある

線は大宮駅を通過してある程度の速度を維持したまま、お互いの路線に乗り入れられる設計だった。

そこで設けられたのが、在来線を乗り越えた地点から上尾市原市までの、4本の線路が並走する直線区間だ。将来上越新幹線新宿乗り入れが実現した暁には、この区間に立体交差の渡り線を設け、速度を保ったまま双方の路線に移れる構造となるはずだった。

だが、上越新幹線の新宿乗り入れは景気の悪化などによって実現せず、また大宮駅もほとんどの列車が停車することになる。大宮駅の設計は変更され、二つの新幹線の分岐は駅のすぐそばに設置された。4キロにわたる上越新幹線との並走区間は、日本が元気だった時代の静かな名残だ。

# 騒音・振動対策に力を入れた小山総合試験線

日本初の新幹線である東海道新幹線が建設された際には、新横浜〜小田原間の31・８キロが先行して建設され、「モデル線」として各種高速走行の試験が行われた。東北新幹線にも、同じように先に建設された試験線がある。それが、東京起点50・７５キロ地点から同93・５５キロ地点までの「小山総合試験線」だ。地図でいえば、東北本線久喜駅の横を通過した地点から、利根川を渡り小山駅を経て、東北本線石橋駅の手前までの42・８キロ。現代の「はやぶさ」は、この区間を大宮〜宇都宮間の最高速度である時速２７５キロに近い速度で走り、10分ちょうどで通過する。

東海道新幹線の「モデル線」は、世界初の高速鉄道を短期間で実用化するため、戦前の弾丸列車計画によって買収済みの区間から、直線、曲線、勾配、橋梁、トンネルなどあらゆる要素を含んだ区間が選ばれた。一方、小山総合試験線は少し事情が異なる。技術向上を目的とした高速試験線という点は同じだが、まずトンネルが一つもなく、東北新幹線の最急曲線となる半径４０００メートルの曲線も2カ所しかない。勾配も13パーミル（１０００メートル進むごとに13メートルの高低差）に留まる。つまり、変化が少なく、ほぼ全区間最

小山総合試験線での試験走行を開始する961形試験電車　1978年
写真・毎日フォトバンク

高速度で走れる直線主体の区間である。

どうしてこの区間が試験線に選ばれたのか。移転が必要な施設や市街地が少なく、首都圏に近くて沿線自治体も協力的、という条件が揃っていたのももちろんだが、試験項目が高速走行における騒音・振動対策に重点が置かれていたことが大きい。

東北新幹線の建設が決まった1971（昭和46）年当時、多くの国民にとって新幹線は「夢の乗りもの」から「騒音・振動公害をまき散らす迷惑な存在」に変わりつつあった。1975（昭和50）年7月には、当時の環境庁が新幹線による騒音を開業時には80ホン（デシベル）、将来は原則75ホン以下とする環境基準を策定し、国鉄は全力でこれに対応しなくてはならなかった。

ほかにも、東海道新幹線の関ヶ原付近で冬季になると頻発していた車両トラブルの対策や、将来に向けた実験なども予定された。こうしたことから、2年以上の期間安定して高速走行試験が可能な40キロ以上の区間が必要とされ、小山を中心に関東平野の中心を走る42・8キロが最適とされたのである。

## ――満を持した総合試験が失敗？ 意外な騒音の元

1972（昭和47）年から建設が始まった総合試験線では、1978（昭和53）年8月から各種試験が開始された。やはり、特に力が入れられたのは騒音・振動対策。騒音の元を調べる音源解析試験はかなり地道なテストだった。これは、車両や施設から発生するさまざまな音について、音源ごとに解析するもの。新幹線の高架線を約250メートルにわたってカバーで覆い、調査したい音源の部分だけ覆いを外して目的の音を測定する。高架橋の床の振動音、地面の反射音、パンタグラフ、車輪、空力音など、多種多様な「騒音」が採取・解析された。音源を変更するたびにカバーを変更しなくてはならず、準備には数日から数カ月もかかったという。高架橋の振動についても、コンクリートの質量を変えたり、しなやかさを変えたり、あるいは橋脚の間隔を変えたりとさまざまなタイプの高架橋を用意して、振動の伝わり方が研究された。

1979（昭和59）年8月21日、第一次総合試験が実施され、962形試験列車が上り線を時速108キロで走行した。ところが、低速にも関わらず測定された騒音は75ホン。これでは高速走行時に80ホン以下の環境基準を満たせない。実は、これは記録班や報道陣による大量のカメラのシャッター音を拾ってしまったことが原因。測定位置などを調整してもう一度、今度は210キロで走行したところ75ホンに収まり、関係者は胸をなで下ろしたという。

騒音・振動対策は1980（昭和55）年3月に走行試験が終了するまで続けられた一方、1979年秋からは将来に向けて時速210キロを超える高速走行の試験も実施された。同年12月7日には、961形高速試験車が当時の世界最高記録である最高時速319キロを記録した。

他にも、小山総合試験線では、青函トンネルと北海道新幹線が実現した時に備えて、新幹線と在来線が共用する三線軌条のテストも行うなど、現代につながるさまざまな技術テストが行われた。また、終点方にあった試験線の基地は、試験終了後は保守車両の基地となる予定だったが、上野～大宮間の開業が遅れた結果、起点方に車両基地がないという事態になった。そこで、急きょ試験線の基地が車両基地として再整備され、現在も小山新幹線車両センターとして東京の車両センターを補助する役割を果たしている。

# 新幹線から分岐する不思議な非電化路線とは？

下り列車で久喜駅付近を通過し、かつての小山総合試験線の区間に入ると、すぐに左へ分岐する高架線がある。こんなところに車両基地はないし、しかもよく見れば架線がない。不思議な高架線はS字カーブを描いて見えなくなる。これは、東北本線東鷲宮《ひがしわしのみや》駅に隣接する新幹線の保守車両基地へ向かう高架線で、分岐点は鷲宮信号場と呼ばれている。

現在東鷲宮駅がある場所は元々鷲宮《わしみや》町の田園地帯で、貨物駅の設置が計画されていた。小山総合試験線の建設時には、ここに仮軌道が敷かれて試験線で使われるレールの送り込みなどが行われたようだ。試験線の建設が終わると仮軌道はすぐに撤去され、１９８１（昭和56）年に東鷲宮駅が貨物駅として開業した（後に旅客営業開始）。

その頃、上野～大宮間では新幹線の建設反対運動がこじれ、東北新幹線は当面大宮駅を起点として暫定開業することが決まっていた。このため、当初は保守車両基地に転用するはずだった小山試験線基地を車両基地として使用することになり、東鷲宮駅に代わりの保守車両基地を設けることになった。すでに試験線建設時の仮軌道は撤去され、東鷲宮駅旅客開業に向けて新興住宅地に姿を変えていた。そこで、東京起点50・６４キロ地点に分岐

東北新幹線から分岐する保守車両の高架線の横を「つばさ・やまびこ」が通過する

を設けて、東鷲宮まで保守車両専用の高架線が建設されたのである。新幹線から分岐していく不思議な高架線は、上野〜大宮間の開業が遅れたために急きょ建設された線路だった。

鷲宮保守基地は、貨物駅に隣接して設置されたが、東北新幹線開業後の1986（昭和61）年、今度は東鷲宮駅が開業からわずか5年で貨物の取扱を廃止してしまう。貨物用地は売却されて住宅地となり、保守基地は久喜寄りに移転した。このため、新幹線の鷲宮信号場から保守基地に向かう車両は、東鷲宮駅の手前と、久喜寄りの青毛堀川付近で二度も進行方向を変えなくてはならない。標準軌の線路が三段スイッチバックを行う、まるで箱根登山鉄道のような珍しい線路配置となっている。

# ルート候補はなんと11通り！位置と名前でもめた那須塩原駅

　沿線に大都市が少なく、関東平野や北上盆地といった平坦な地形にも恵まれた東北新幹線は、反対運動がこじれた上野～大宮間を除くと、比較的ルート選定はスムーズだった。だが、中には例外もある。なんとトータルで11通りものルートが検討されたのが、宇都宮から福島県境に至る、栃木県北部のルートだ。

　細かい調整案を除くと、有力な案は四つあった。西那須野から黒磯まで、直線区間である在来線と並走する第①案。西那須野の市街地を避け、在来線のやや東を黒磯へ向かう第②案。それよりもさらに東を経由し、大田原市郊外を通過して宇都宮～黒磯間を最短ルートで結ぶ第③案。そして土地確保の面で有利な在来線西側の山寄りを通り、在来線に接続しない新駅を設ける第④案。

　このうち第②案は中途半端、第④案は栃木県北部の行政の中心である大田原市から遠く不便であることから落ちた。そして、第③案も黒磯駅付近の用地確保が難しいことが判明する。

　本命は、在来線の敷地を活用できる第①案だった。だが、このルートには一つ問題があ

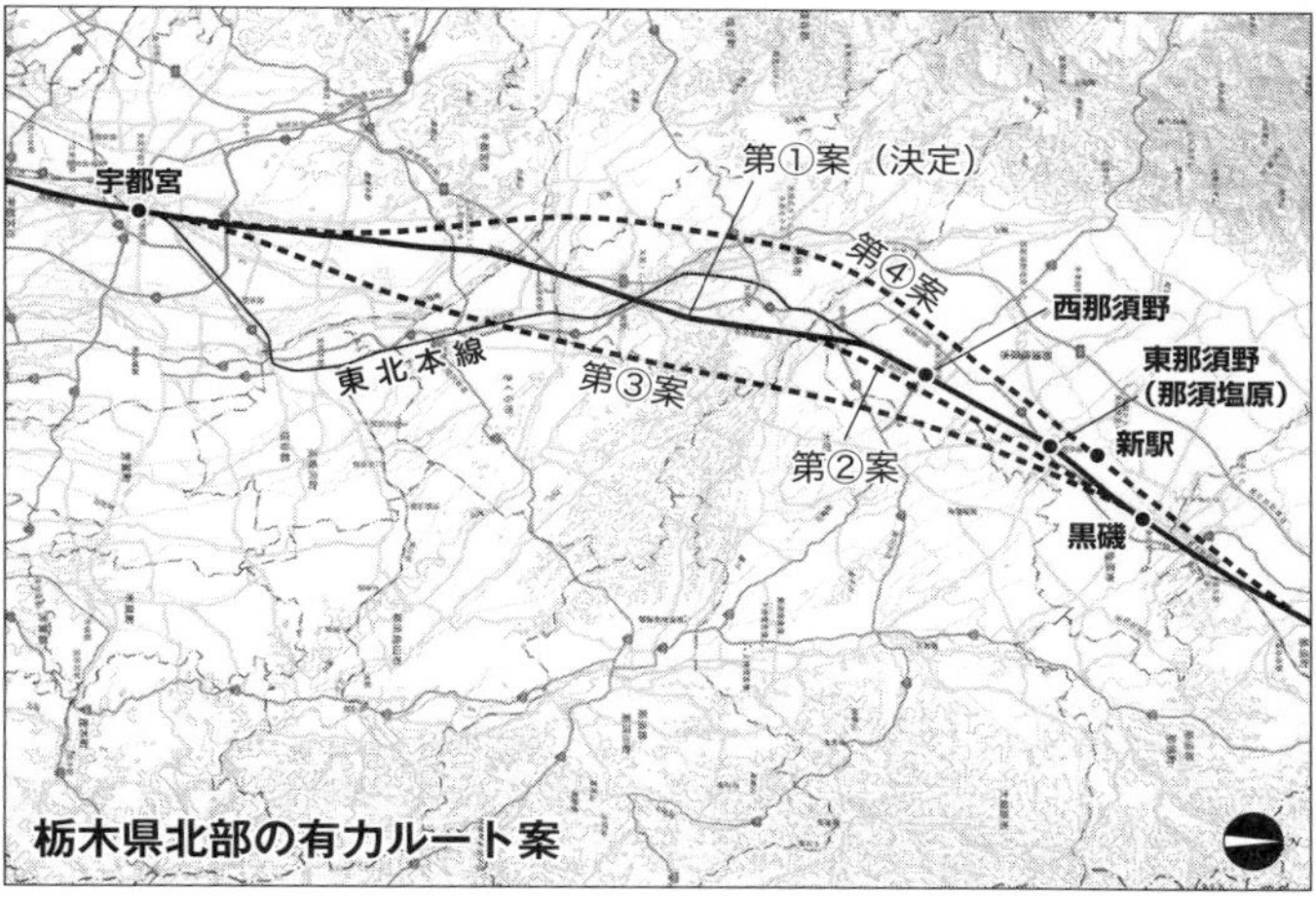


栃木県北部の有力ルート案

った。停車駅をどこに置くかという問題だ。

栃木県北部に新幹線の停車駅を設置することは決まっていたが、その位置はなかなか決まらなかった。黒磯市、西那須野町といった当時の自治体が誘致をめぐって早い段階から争っていたからだ。このため、周辺自治体は共同で栃木県知事に陳情書を提出している。その趣旨は、「停車駅を黒磯市または西那須野町に設置し、設置されない方の自治体には車両基地を設けてほしい」というものだった。同時に、各自治体は「停車駅の場所がどこに選定されても、一致して協力する」ことを申し合わせている。それまでに、相当な綱引きがあったことをうかがわせる内容だ。

国鉄は大いに悩んだ。在来線に並走する第①案を採用すると、新幹線は西那須野駅と黒磯駅の両方を通過する。自治体としては黒磯の方が大きく那須温泉郷への入口でもあったが、西那須野は塩原温泉、そして鬼怒川方面への玄関であり、栃木県北部の行政の中心である大田原市への接続駅でもあった。

どちらを選んでも、地域に禍根を残す。国鉄の選択は、西那須野と黒磯の中間にある小さな駅、東那須野駅を新幹線停車駅とするものだった。

## ——駅名をめぐって再び大騒動、四半世紀を経て自治体名に

どうにか駅の場所は決まったが、次の問題は駅名だった。国鉄は、当初駅名を栃木県北部を表す「那須地方」から「新那須」を仮称として使用していた。ところが開業が近づき正式名称を決める段階になって、那須温泉と塩原温泉、双方への玄関であることがわかるよう「那須塩原」とするべきという声が高まったのである。

当時、栃木県北部には黒磯市と西那須野町のほか、那須温泉がある那須町、塩原温泉がある塩原町もあり、東那須野駅自体は黒磯市内にあった。黒磯市にしてみれば、黒磯市内にある駅なのに黒磯の名前がつかず、遠く離れた塩原町の名前が入るのはおかしい、国鉄が言う通り、特定の自治体名ではなく地域名としての「那須」を使うべきだということになる。一方、那須町、西那須野町、塩原町にとっては、「那須塩原」とすれば観光PR上

有利であり、しかも自分たちの自治体名も盛り込まれるので望ましい。両者の対立はなかなか収まらず、一時は駅名選定の責任者だった国鉄東京北鉄道管理局の局長が国鉄を辞職しようとする騒ぎにまでなった。

紆余曲折を経た後、結局新駅名は「那須塩原駅」に落ち着いた。1982（昭和57）年6月23日の開業当日には、駅東口には「歓迎 那須町 那須観光協会」、西口には「歓迎 塩原町 塩原観光協会」の横断幕が掲げられ、微妙な地元の空気を反映していた。

新幹線が開業するまでは普通列車しか停車しなかった東那須野駅だが、那須塩原駅となってからは那須温泉、塩原温泉双方へのバスが発着する観光の玄関となった。だが、駅周辺はホテルやレンタカー業者が増えたものの繁華街はなく、集落の規模は今も黒磯駅や西那須野駅周辺の方が大きい。

そして2005（平成17）年、平成の大合併の一環として、黒磯市、西那須野町、塩原町が合併し、「那須塩原市」となった。自治体同士の綱引きから大きな騒ぎとなった駅名が、「新幹線の駅名として知名度が高い」と四半世紀を経て自治体名そのものになった。新幹線の影響力の大きさを感じる。

## !? 事実上の日本最長ストレートがある白石蔵王～仙台間

白石蔵王～仙台間には、25・7キロに及ぶ直線区間がある。日本の鉄道の最長直線区間は、ＪＲ北海道室蘭本線の白老《しらおい》～沼ノ端《ぬまのはた》間の28・7キロとされているが、こちらは社台《しゃだい》駅など途中駅の構内に細かい曲線があるため、本当に線路が一直線に延びているという意味では、東北新幹線白石蔵王～仙台間が最長直線区間となる。下り列車の場合、白石蔵王駅を出て二つめの第2白石トンネルに入った先で、半径４０００メートルの右カーブを通過したところから、高舘丘陵を抜けて仙台平野に出るまでの約5分間。この間Ｅ５系「はやぶさ」は最高速度に近い時速３００キロ程度で走り続け、直線区間が終わると同時に仙台駅に向けて減速を開始する。仙台駅到着のアナウンスが入るのもこのあたりだ。

最長直線区間を含む福島～仙台間は、標高７１０メートルの雨塚山や２６４メートルの大萩山直下をトンネルで貫き、白石川流域の丘陵地帯の尾根をトンネルで串刺しにするような形で一直線に仙台へ向かう。白石蔵王～仙台間のトンネルは全部で19カ所に及び、莫大な資金を投じて可能な限り曲線を減らし、最短ルートで北をめざした東北新幹線らしさを感じ取れるルートだ。

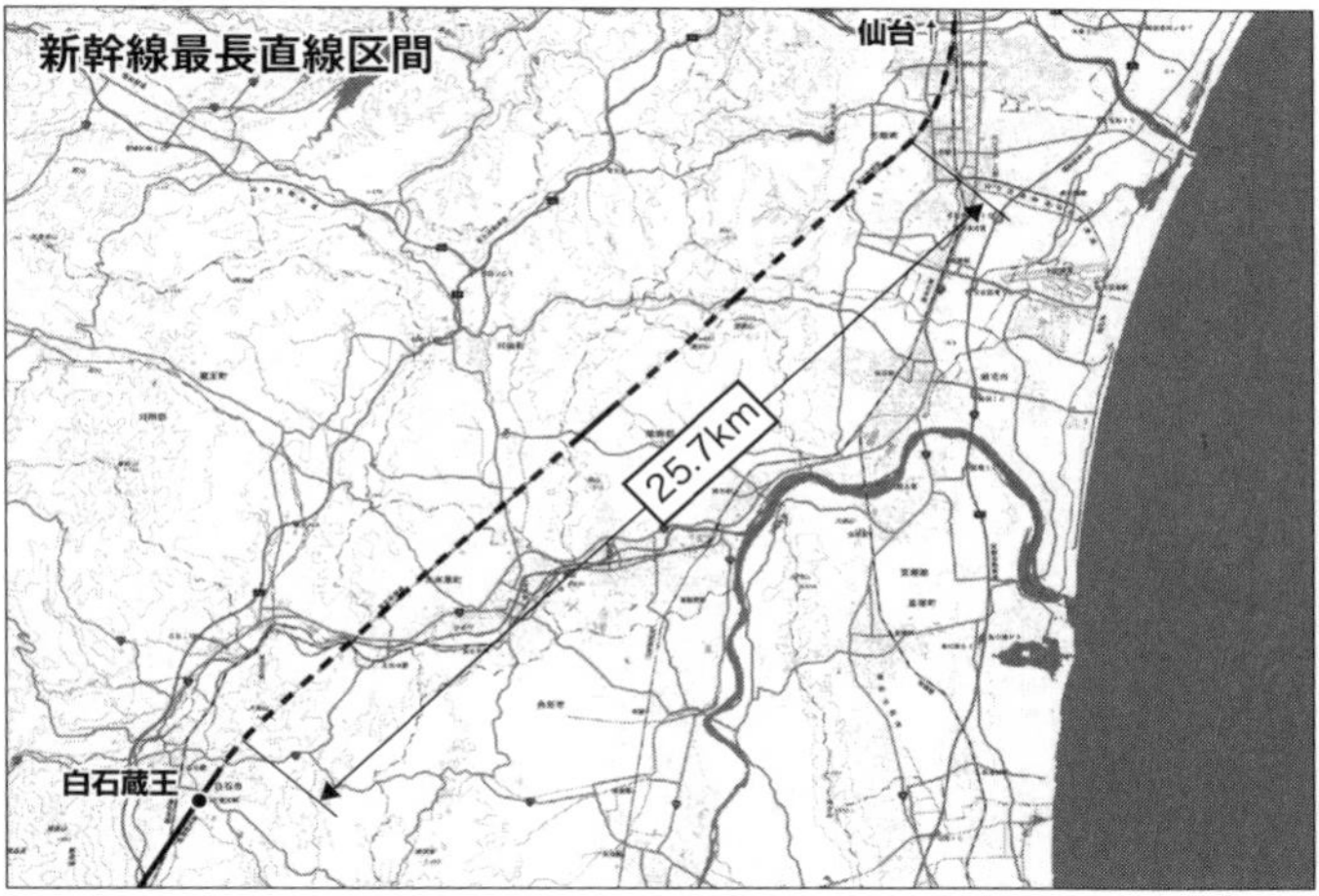


福島〜仙台間では、もう一つ東寄りのルートも検討された。白石市を通らず阿武隈川に沿って北上、長大トンネルで阿武隈高地を越えて角田市を経て仙台に向かうというもの。現在の阿武隈急行線に近いルートで、阿武隈高地さえ越えればその先は平坦な地形を通ることができた。しかし、阿武隈高地はあまりにも狭く、工事車両の通行が難しい。しかも角田市の低地は地質が軟弱な沖積層《ちゅうせきそう》で高架線の建設に向かず、トンネルは多いがトータルでは安上がりな白石市経由に決まった。

もし東側ルートが採用されていたら、最長直線区間は生まれず、蔵王山系の美しい山並みを眺めることもできなかっただろう。代わりに、阿武隈川流域の車窓を高架線から見られたかもしれない。

# 新幹線駅直結！になるかもしれなかった東北楽天イーグルスの本拠地

最長直線区間を過ぎて仙台市内に入ると、右に左に細かいカーブが連続し、列車は時速80キロまで減速する。車窓左手に見える、大年寺山の仙台スカイキャンドル（120ページ）をはじめとする三つの電波塔をぐるりと回り込むように走り、仙台駅に到着する。

仙台駅の前後で急カーブが連続するのは、名取川付近から仙台駅を経て東北本線東仙台駅の先まで、新幹線が在来線に並走しているからだ。東北最大の都市である仙台駅を通過する列車はない。すべての列車が停車するので、減速が必要な急カーブがあっても問題なく、用地取得コストを圧縮することができた。

もっとも、最初から仙台駅に新幹線が停車すると決まっていたわけではない。計画段階ではもう一つ、仙台市東部の仙台貨物ターミナル付近に新駅を設ける案があった。

東北本線の長町～仙台～東仙台間はカーブが多く市街地を蛇行しているが、仙台駅を経由せずに市街地の東をショートカットする貨物線、通称宮城野貨物線がある。終戦直後の1946（昭和21）年、国鉄は仙台市及び宮城県と協議して、復興のために仙台駅から貨物取扱機能を分離することを決定。当時の大蔵省から、市街東部にあった陸軍宮城野練兵

場跡地の払い下げを受け、長町～東仙台間の貨物線とともに、練兵場跡地に貨物専用の宮城野駅（後の仙台貨物ターミナル）を建設した。

この貨物線に沿って新幹線を通せば用地取得に有利なだけでなく、新幹線規格に近い直線主体のルートで設計できる。

だが、宮城野駅は仙台市街の中心から約2キロも離れていた。最寄りの鉄道駅は仙石線宮城野原駅だったが、想定される新幹線の駅からは数百メートル距離があり、市内へのアクセスに問題があった。また、沿線最大の都市である仙台を通過する新幹線列車は想定されておらず、多少線形がよくてもメリットは少ない。さらに、当時の仙台駅舎は終戦からまもない1949（昭和24）年に竣工した応急仮設建築物であり、抜本的な改築の時期に来ていた。こうした理由から国鉄は既存の仙台駅への乗り入れを決断し、駅西口に乗り入れられることになった。

もしも、宮城野駅周辺に新幹線の新駅が置かれていたら、どんな未来があっただろうか。国鉄が陸軍練兵場跡の払い下げを受けた1950（昭和25）年、同じ練兵場跡地の北側を造成して、県立宮城球場が開場した。この野球場は、1970年代にロッテオリオンズ（現・千葉ロッテマリーンズ）の暫定本拠地として使用された後、2005（平成17）年から東北楽天ゴールデンイーグルスの本拠地として使用されている。仮に新幹線新駅が実現していたら、宮城球場は「新仙台駅直結」のプロ野球スタジアムになっていたかもしれない。

## ——仙台駅も本当は仙台貨物ターミナル付近に設置されるはずだった

宮城野地区をめぐる「仙台駅」のエピソードは、もう一つある。実はこの地域に仙台市の代表駅を設置しようとしたのは、この時が初めてではなかった。東北新幹線計画よりさらに80年以上前の1880年代、日本鉄道が後の東北本線を建設した時にも、最初はこのあたりに仙台駅が置かれるはずだったのだ。

上野〜青森間の鉄道建設を急いでいた日本鉄道は、宇都宮、郡山、福島など多くの都市について、市内中心部に乗り入れず、市街地の端に駅を設置して効率的な建設を進めてい

楽天の本拠地、宮城球場に直結している仙台貨物ターミナル。跨線橋から貨物駅の全体を観察できる

た。仙台駅についてもこの方針に従い、市街地の東端にあたる苦竹《にがたけ》村、つまり仙台貨物ターミナル付近に建設されることが決まっていた。しかし、これでは古くからの市街地が衰退すると恐れた地元の商人や住民たちが、工事費の一部負担を申し出るなどして市内中心部への鉄道乗り入れを働きかけた。一度は苦竹案を受け入れていた宮城県令（県知事に相当）の松平正直もこの案を支持し、最終的には住民側が工事費を負担することなく、鉄道の市内乗り入れが決まったのである。

明治と昭和の二度にわたり市の中心駅を誘致できなかった不運の宮城野地区。仙台貨物ターミナルも北部の岩切地区への移転が決まっており、跡地は広域防災拠点として整備されることになっている。

# 北陸新幹線E7系が東北新幹線を走ることもある？ 車両基地の秘密とは

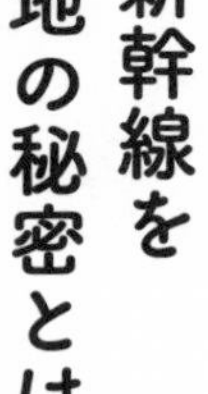

現在、東北・北海道新幹線で使用されている車両は、E5／H5系、E6系、E2系、E3系の4形式だ。だが、まれに東北新幹線を北陸・上越新幹線用のE7系が走行することがある。これは、80万キロを走行するごとに実施される台車検査や、160万キロごとに行われる全般検査を、宮城県利府町の新幹線総合車両センター、通称仙台総合車両基地で行っているからだ。JR東日本には、田端、小山、仙台、盛岡、新潟、長野と、主に6カ所の車両基地があるが、車体の部品を解体しての精密な検査は、上越・北陸新幹線を含めすべて仙台で行っている。また車両を新製した時も、山口県や神奈川県などから船で仙台港まで運ばれ、トレーラーで仙台総合車両基地に陸送。東北新幹線で試運転が行われる。仙台総合車両基地は、JR東日本の新幹線車両を検査・管理する中枢機関である。

では、なぜ仙台にこのような基幹施設があるのだろうか。それは、東北新幹線が将来の札幌延伸を見据えて建設されたからだ。東北・北海道新幹線が計画された当時は全国の路線を運営する日本国有鉄道の時代。東京～札幌間についても、現在のように本州と北海道で運営会社が変わるということはなく、国鉄が一元的に管理するはずだった。

JR東日本の新幹線の総本山ともいえる新幹線総合車両センター。車窓からは少々遠いが、よく見ると北陸新幹線のE7系もいる　仙台〜古川

この場合、１０００キロを超える路線の基幹基地が、路線の端にあるのは都合が悪い。また、東京・田端の操車場跡地に設けられる基地は手狭であり、より広大な敷地が必要だった。そこで、東京〜札幌間の中間付近にある、仙台駅の北10キロの広大な田園地帯が選ばれたのだ。総面積は約47万８０００平方メートルで、ＪＲ西日本の博多総合車両所（約50万平方メートル）に次ぐ規模を誇る。

その後、ＪＲグループが発足すると、路線ごとではなく会社ごとに基幹車両基地（または工場）を設置する考え方が生まれ、ＪＲ北海道は新函館北斗、ＪＲ東日本は仙台、ＪＲ西日本は金沢と博多、ＪＲ東海は浜松、ＪＲ九州は熊本を、それぞれ全般検査を行える設備を備える基幹基地としたのである。

# 「スワン駅」が誕生する可能性もあった？
# くりこま高原駅命名秘話

東北新幹線には、路線開業後に地元の請願により追加設置された駅（請願駅）が3駅あるが、最後に設置された駅が、１９９０（平成2）年3月10日に開業したくりこま高原駅だ。古川〜一ノ関間の平野部にあり、周囲には一面の水田が広がる。

36ページで、那須塩原駅の駅名をめぐる争いを紹介したが、くりこま高原駅でも、駅名についての論争があった。

古川〜一ノ関間の、宮城県栗原郡志波姫《しわひめ》町（当時）に新幹線停車駅を誘致しようという声は、東北新幹線が建設中だった１９７８（昭和53）年頃からあがっていた。１９８０（昭和55）年1月には、気仙沼市を含む宮城県北部の1市23町村が参加する「東北新幹線停車駅誘致促進期成同盟会」が結成され、新駅の名称を予定地である志波姫町の「栗原郡」と隣接する「登米《とめ》郡」から、「栗原登米《くりはらとめ》（仮称）」とすることが決まった。

国鉄は新駅の設置について「地元が建設費を全額負担するなら建設は可能」と前向きだった。地元は、建設費の一部を住民からの募金に頼るなどして資金を捻出。１９８７（昭和62）年10月、国鉄から引き継いだＪＲ東日本が東北新幹線「栗原登米駅（仮称）」の設置

周囲に田んぼが広がるくりこま高原駅。西口には水田の区画整理である「ほ場整備」完成記念の大水車があり、いよいよ「高原」らしくない

を内定する。新駅予定地は見渡す限りの田園風景だったが、JRは当時構想されていた「栗駒山麓リゾート開発」に期待を寄せ、観光開発によって採算は取れると踏んだのである。時代は、バブル景気の真っ只中だった。

建設工事は比較的順調に進み、1989（平成元）年、開業を翌年春に控えていよいよ正式な駅名を決める時期になった。仮称は「栗原登米」だったが、観光開発に主眼が置かれることになり、知名度の低さや読みにくさが問題となる。駅名の決定権はJRにあったが、JRは「地元の意向を最大限に尊重したい」としていた。かつて、那須塩原駅を国鉄主導で「新那須駅」と決めようとしたことが、地元と衝突する遠因になった教訓から、地元の意思統一を促したのだ。

## ——最終的に地元の意向をスルーしたＪＲ

そこで、地元の期成同盟会は地元24市町村の住民を対象とした駅名公募を実施する。２週間あまりで２２２７通が集まり、期成同盟会がその中から複数を候補として選び、８月25日にＪＲに提示した。

その候補とは、当初からの仮称である「栗原登米」のほか、「三陸栗駒登米」「奥宮城」「伊豆沼」「スワン」の五つ。「三陸栗駒登米」は、地域の有名観光地と、そこから外れる地域名を加えたものであり、「奥宮城」はずばり地域の立地を表していた。「伊豆沼」は新駅の南方にある、白鳥が飛来することで知られる沼で、「スワン」は、伊豆沼の白鳥からの連想だ。

９月16日、ＪＲ東日本は、新駅の名称を「くりこま高原」とすると発表した。地元が提示した候補からは選ばれなかった。

実は、ＪＲは新駅の駅名について、①観光駅としてアピール度が高いこと、②駅名に「新」「奥」「北」といった文字を冠しないことを基本に検討していた。この方針に沿って検討すると、「栗原登米」は観光駅としてのアピール度は極めて低い。「三陸栗駒登米」も、ただ地名をつなげただけでどんな場所だかわかりにくい。「奥宮城」はストレート過ぎる上に「奥」を使うことは避けたい。「伊豆沼」は知名度が低く静岡県と混同される恐れがあった。「スワン」は……、ちょっと斬新すぎたのだろう。

ＪＲが注目したのは、公募の段階で得票数2位だった「栗駒高原」だった。「栗駒」が特定の地域名であるため地元が提示した候補からは外れていたが、「栗駒山麓リゾート」をアピールしやすく、都会の人から見てなんとなくイメージのよさそうな「高原」も都合がよかった。ＪＲは、駅名がソフトなイメージになるよう「栗駒」をひらがなとし、新幹線初の仮名交じり駅名「くりこま高原」駅が誕生した。

意向を無視された地元では反発もあったが、すでに自治体が鉄道事業者と全面対決する時代ではなかった。新幹線停車駅は地域にとって極めて魅力のある存在で、ＪＲの立場がずっと上だったのだ。

こうして決定したくりこま高原駅は、全国で最も標高が低い「高原」駅として、１９９０年3月10日に開業した。その後、栗駒山麓リゾート構想は実現しないままバブル崩壊とともに消えたが、もし当初の「栗原登米」が採用されていたらどうなっていただろう。２０１０年代のゆるキャラブームで、あるいは「栗原トメ」さんがゆるキャラグランプリに参戦していたかもしれない。

# 映画にもなった！
# 水沢江刺駅と新花巻駅の誘致大作戦

水沢江刺駅と新花巻駅は、東北新幹線上野～大宮間が開業した１９８５（昭和60）年３月14日に開業した駅だ。

どちらの駅の地元も、駅新設にかける執念は大変なものだった。水沢市は、１９７１（昭和46）年1月に東北新幹線の建設計画が決まると、３月には「駅設置期成同盟会」を発足。花巻市も、１９７４（昭和49）年7月に同様の組織を発足させた。

だが、当時の国鉄は新駅設置に消極的だった。一応、「将来駅設置が可能な設計にしておく」とはしたものの、駅設置は「札幌まで開業した後に検討」と先送り状態だった。

これを受けて水沢市と花巻市が取った行動は前代未聞だった。国鉄が駅を設置するとはひと言も言っていないのに、新駅予定地周辺の土地買収を始め、市民から建設費の募金を開始したのである。水沢市に至っては、東北新幹線の開業すら不透明だった１９７５（昭和50）年12月の時点で、駅予定地の区画整備を行う都市計画を決定。勝手に駅を作る準備を始めてしまう。

両市からの強力な請願を受けて、国鉄は「工事費は全額地元負担」「土地はすべて無償

開業５周年を記念して設置された「新花巻駅設置 物がたり」。その熱い文章に当時の人々の熱意が伝わってくる

で国鉄に譲渡。将来駅を拡張する際の土地と工事費も地元負担」「駅前広場や道路は地元で整備」「生じた問題はすべて地元が解決」という厳しい条件をつけた。だが、両市はこれを承諾。地方自治体から国鉄への「寄付」が禁じられていた法律も改正されて、１９８３（昭和58）年12月、ついに水沢江刺駅と新花巻駅の新設が決まった。

新花巻駅前の「新花巻駅設置物がたり」碑には、４枚の石板に駅実現までの経緯が１５００文字にわたって綴られている。

２０２０（令和２）年には、新花巻駅誘致の顛末が『ネクタイを締めた百姓一揆』として映画化された。この作品は、監督を含めスタッフやキャストのほとんどが岩手県在住の映画制作未経験者という異色作だ。

# 北東北を二分する大論争！
# 知られざる「西回りルート」



東北新幹線盛岡〜新青森間は、盛岡〜八戸間は２００２（平成14）年12月1日に、八戸〜新青森間は２０１０（平成22）年12月4日に開業した。１９７１（昭和46）年の建設決定以来、実に39年かかっての全線開業だった。

しかし、盛岡駅から青森までのルートは、八戸経由の東回りルートと、大館経由の西回りルートをめぐって激しく誘致合戦が繰り広げられたことを覚えている人は少ない。

１９７１年に東北・北海道新幹線盛岡〜札幌間の建設が決定した際、そのルートは「盛岡、青森を経て札幌に至る」という簡単な表現に留まっていた。そこで、同年7月に秋田県大館市が中心となって、東北新幹線西回りルートの誘致運動が始まった。西回りルートとは、盛岡から花輪線に沿ったルートで大館に抜け、弘前を経由して青森市に至るというルートだ。秋田県を経由するのは遠回りな印象もあるが、実は八戸経由よりも40〜50キロも短い。太平洋側に比べて地震が少なく、山岳地帯を通過するため用地取得が楽、十和田や八幡平といった観光資源に近く観光振興に有利といった利点も主張された。

これに対し東回りルートは、青森県第二の都市である八戸市を経由し、また下北半島の

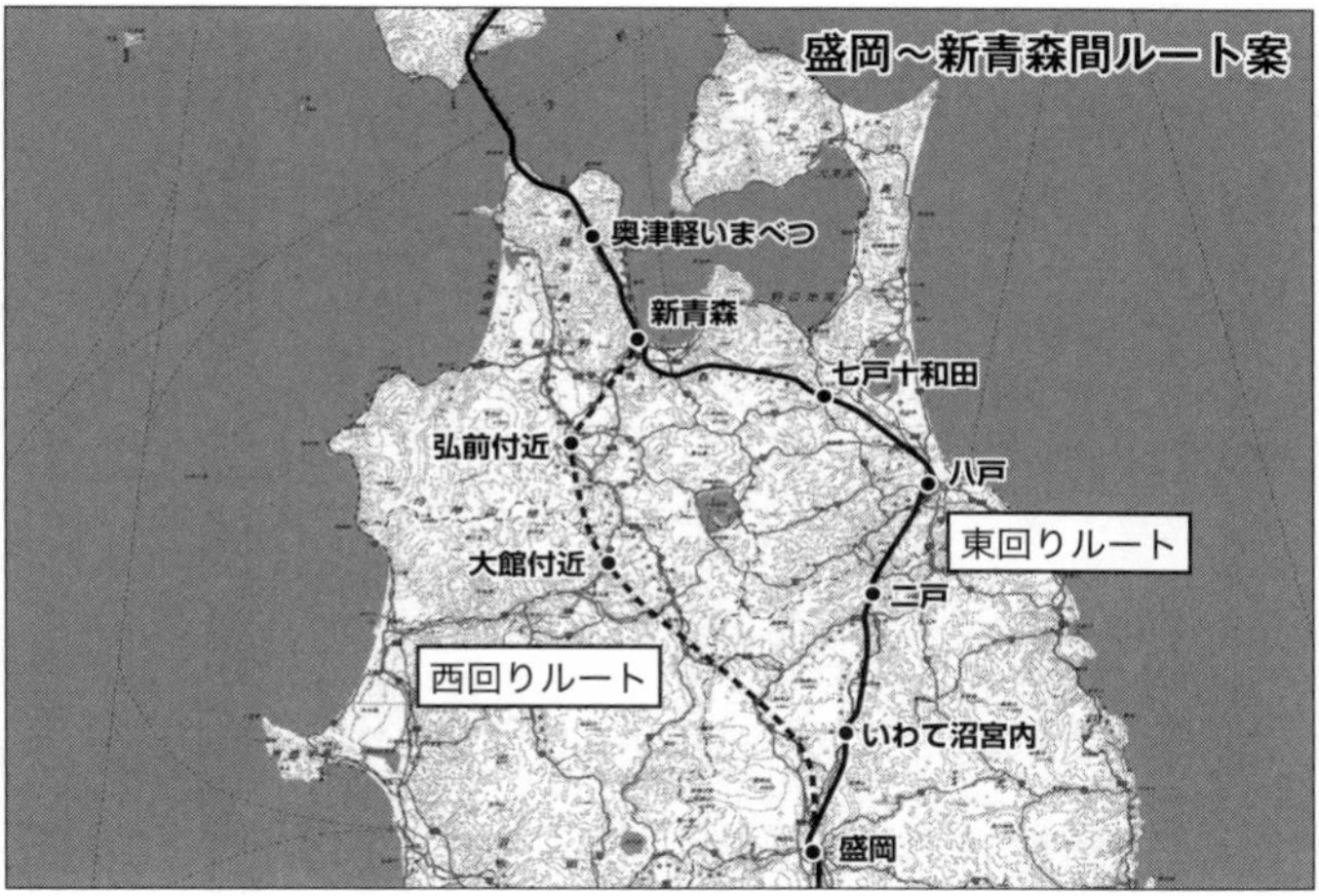


むつ小川原地区に石油備蓄施設や原子力施設などの巨大開発が予定されていること、実現時期は未定ながら国の新幹線基本整備計画に大館・弘前を経由する日本海・奥羽新幹線が盛り込まれていることなどを根拠としていた。

西回りルートは弘前市を中心とした青森県津軽地方の自治体が秋田県と連携し、東回りルートは八戸市を中心とした青森県南部の自治体が岩手県と連携しながらそれぞれ政府への陳情合戦を繰り広げた。北東北を二分する一大政治論争に発展してしまったのである。

もっとも、政府は当初から八戸ルートを本命と見ていた。なにより下北半島を日本のエネルギー政策の要とする方針があり、実現のためには首都圏と下北半島のアクセス向上は欠かせなかった。加えて、西回りルートはトータルの沿線人口こそ東回りと遜色なかったが産業の発展性がネックとなり、八幡平の標高700~900メートルの山岳地帯を通過するトンネルも難工事が予想された。

## ——田中角栄が「羽越新幹線の同時完工」を明言するが……

この騒動を調停したのは、時の総理大臣、田中角栄だった。東回りと西回りの対立が激しくなっていた1972（昭和47）年7月に「日本列島改造論」をひっさげて総理大臣に就任した田中角栄は、翌1973（昭和48）年7月25日、「東北新幹線盛岡~青森間と羽越新幹線（新潟~秋田~青森間）を同時着工し昭和54年に開通させる」と発言。これを受けて青森県は「両線の同時完成を目標にその建設促進にあたる」とする調停案を作成した。8月28日には、田中角栄が「東北新幹線を東回りルートに決定すれば、羽越新幹線を同時に完工させる。これとは別に奥羽新幹線についても考える」とさらに踏み込んだ発言を行い、東西両ルートの対立は「全部まとめて建設する」方向となった。西回りルート派は「東北・羽越・奥羽という3本の新幹線が実現する画期的な成果」と受け入れを表明。青森県の調停案に同意して、東北新幹線は八戸経由の東回りルートに決着した。

現代の感覚からすれば、東北・羽越・奥羽の3新幹線が同時に建設されるなどとても現実的な話とは思えない。だが、当時は田中内閣による日本列島改造ブームの真っ只中。田

西回りルートが実現していたら、奥羽本線大館駅は新幹線の駅になっていたかもしれない

中角栄の発言にはそれを信じさせるだけの勢いと重みがあった。

エジプト・シリア連合軍がイスラエルに対する攻撃を開始し、第四次中東戦争が勃発したのは、それからわずか1カ月後の1973年10月6日のことである。予想外の戦争勃発は石油価格の暴騰を招き、第一次オイルショックが発生した。1971年8月に、アメリカが金とドルの交換停止を宣言したニクソンショックによって打撃を受けていた日本経済にとってオイルショックの影響は極めて大きく、整備新幹線の建設は大きく後退する事態となった。3線同時着工どころか、東北新幹線盛岡～新青森間の着工すら見通しがつかなくなり、18年後の1991（平成3）年9月まで待たなくてはならなかったのだ。

# 盛岡以北の新幹線は「いわて沼宮内〜八戸間」しか作られないはずだった！

今でこそ、E5系「はやぶさ」「はやて」が当たり前のように最高時速260キロで走っている盛岡〜新青森間だが、1980年代から1990年代の一時期、高速走行が可能な新幹線、つまりフル規格の新幹線は沼宮内（現在のいわて沼宮内）〜八戸間の65・5キロしか建設しないと決定していたことがあった。それ以外の盛岡〜沼宮内間と八戸〜青森間は、在来線の軌間（線路幅）を新幹線と同じ標準軌（1435ミリ）に改軌し、新幹線の車両を直通させる「ミニ新幹線方式」（90ページ）を採用することになっていたのだ。

二度のオイルショックを経て低成長時代に入っていた日本では、バブル景気が到来しても、巨額の費用が必要となる整備新幹線の建設はなかなか進まなかった。1988（昭和63）年8月、そうした状況を打開するため、当時の運輸省は従来の整備新幹線計画を転換し、ある程度の速達効果を得られて建設費は大幅に節約できる、ミニ新幹線方式を取り入れる「暫定整備案」を発表した。その中に、盛岡〜沼宮内間と八戸〜青森間のミニ新幹線化が盛り込まれていたのである。

この二つの区間がミニ新幹線とされたのは、昭和40年代に複線電化した際に改良工事を

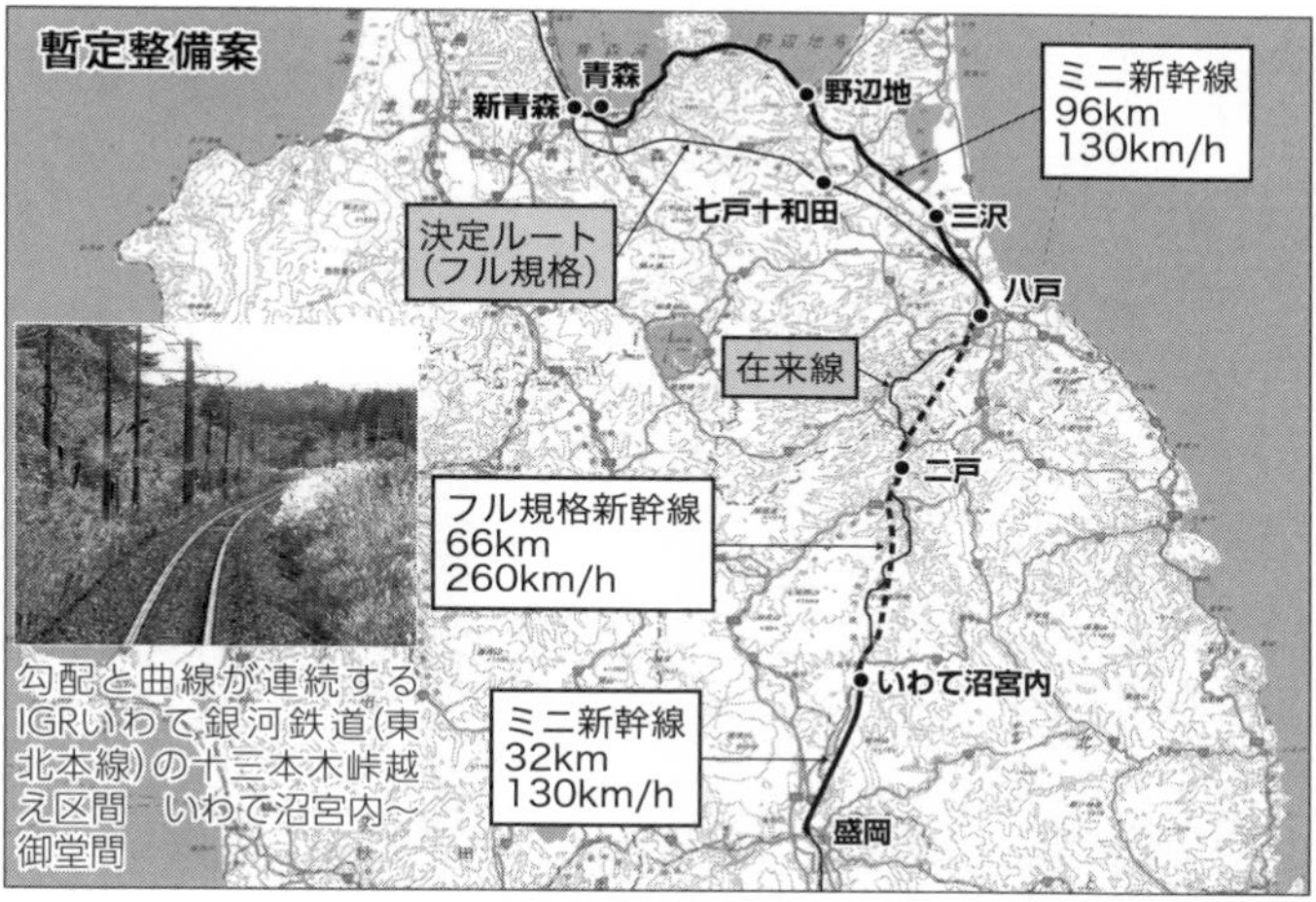


勾配と曲線が連続するIGRいわて銀河鉄道(東北本線)の十三本木峠越え区間　いわて沼宮内〜御堂間

行っており、急カーブが少なくミニ新幹線の最高速度である時速１３０キロで走行できる区間が多いからだ。盛岡〜沼宮内間は北上平野の北端を北上川に沿って北上する区間であり、八戸〜青森間は八戸平野から三本木原台地を経て青森平野まで、比較的平坦な海岸寄りを進む。一方、沼宮内〜八戸間は改良工事が実施されていないうえに東北本線有数の難所である十三本木峠越えがあり、最大24パーミルの勾配と、半径４００〜８００メートルの急カーブが連続している。そこで、この山越え区間だけフル規格の新幹線を建設すれば、少ない投資でそれなりの速達効果が見込めるという計算だった。

「暫定整備案」通りに建設した場合、盛岡〜青森間の所要時間は特急「はつかり」が最速

2時間11分のところ、35分ほど短縮されて1時間36分程度になるとされた。当時の東北新幹線の始発駅だった上野から青森までは、4時間10分程度。全区間フル規格で開業した2021年現在の盛岡〜新青森間の所要時間は最速52分で40分以上差がある。ただし、ミニ新幹線方式であれば青森駅に直通できるので、市街地から離れた新青森駅発着となるフル規格新幹線との所要時間差は縮まる。

建設費は、全線フル規格の約7000億円に対して「暫定整備案」は約3900億円と計算され、まさに新幹線と在来線の中間を行く節約案だったのだ。

なお、この時の「暫定整備案」には、北陸新幹線や九州新幹線の整備についても提示され、一部の区間では新幹線規格の高架線にとりあえず在来線特急を走らせる「スーパー特急方式」も提唱された。

## ——ミニ新幹線方式は着工のための方便？ 結局全線フル規格に

もっとも、この中途半端な「暫定整備案」は、「暫定」という名前が示す通り、本気の案とはいえなかった。当時の政府・与党は、「従来のフル規格による整備計画はすべて維持されることを前提として、これをその第一歩と位置づける」「社会情勢を見て5年後に見直す」と申し合わせており、遅れに遅れていた着工にたどり着くための方便だったともいえる。1991（平成3）年8月には「暫定整備案」通りに建設が認可されたが、着工したのはフル規格の区間だけで、ミニ新幹線方式とされた区間は一切着工されなかった。

その後、まず1995（平成7）年4月に盛岡〜沼宮内間がフル規格に変更。翌1996（平成8）年には、整備新幹線の建設費を国が三分の二、地方公共団体が三分の一を負担し、JRは利益の範囲内で施設の貸付料等を支払うルール「新スキーム」が確立した。1998（平成10）年3月には残る八戸〜新青森間もフル規格に変更されて、全線フル規格で建設されることになったのである。北陸新幹線や九州新幹線についても、結局は全区間がフル規格で建設されることになった。

現在、東京〜新青森間は最高時速320キロの「はやぶさ」が最速2時間58分で結んでいる。新青森駅で乗り換えて青森駅までの所要時間は最短で3時間20分ほどだ。もし盛岡〜青森間が暫定整備案で建設されていたら、現在の東京〜青森間の所要時間は3時間40分程度だっただろう。仮に、北海道新幹線が建設されていたら、新函館北斗駅までは4時間40分台（現行は最速3時間57分）という計算になるが、函館市内への乗り換えを含めれば5時間を超えてしまい、到底飛行機に太刀打ちできなかった。やはり、東北新幹線は全線フル規格が正解だったといえそうだ。

# !? 東北新幹線に廃線跡がある？

1964（昭和39）年10月1日に東海道新幹線東京～新大阪間が開業して以来、日本の新幹線は北は北海道から南は九州まで、9路線約3000キロもの路線網を築いてきた（ミニ新幹線を含む）。2021（令和3）年現在、廃止された路線は存在しないが、東北新幹線には、新幹線の廃線跡のような姿になってしまった場所がある。

それは、東北新幹線盛岡～八戸間が開業した2002（平成14）年12月1日から運用を開始し、八戸～新青森間が開業した2010（平成22）年12月10日に廃止された、「盛岡新幹線車両センター八戸派出所」だ。これは、八戸駅の約1キロ北、JR貨物の八戸貨物駅や、JR東日本八戸線の車両基地である八戸運輸区に隣接した留置線だ。東北新幹線の終着駅が八戸駅だった時代、終列車から翌朝の始発列車までの間などに、車両を一時的に留置しておく施設だった。八戸～新青森間が開業すると役割を終え、新青森駅北方に新設された盛岡新幹線車両センター青森派出所に移転という形で廃止された。車両が待機する留置線1本と洗車機を備えただけの簡単な施設で、すぐ隣に八戸運輸区や八戸貨物駅があることから土地の再活用が難しく、資材置き場となっている。

門と銘板だけは今もきれいに残っている

留置線の線路は撤去されたが敷地は空き地として残る盛岡新幹線車両センター八戸派出所跡

路線の延伸などによって、新幹線の車両基地や留置設備が移転・廃止する例はこれが初めてではない。九州新幹線が2004（平成16）年に新八代《しんやつしろ》～鹿児島中央間で部分開業した際には、川内《せんだい》駅の南方に川内新幹線車両センターが設置されたが、2011（平成23）年の九州新幹線全線開業に伴い熊本に機能を移転して廃止された。だが、川内基地は、車両を一時的に留置する施設としては今も使われており、事実上現役の車両基地だ。

東海道新幹線が開業した際には、現在の品川駅東側に車両基地が設けられたが、1992（平成4）年に廃止された。こちらは品川グランドコモンズが整備されて車両基地時代の面影はない。新幹線の廃線遺構が見られる八戸は珍しいスポットだ。

# 在来線の貨物列車も走る青函トンネル

奥津軽いまべつ〜木古内間にある青函トンネルは、全長53・８５キロ、日本最長の鉄道トンネルだ。津軽海峡西水道直下を通過しており、最も深いところでは水深１４０メートルの海底から、さらに１００メートル下を通過している。

青函トンネルの構想自体は戦前からあったが、実現に向けて動き出したのは、戦後の１９５４（昭和29）年9月26日に発生した洞爺丸《とうやまる》遭難事故がきっかけだ。台風15号の動きを読み切れず、青函連絡船洞爺丸をはじめ5隻が沈没、１２００名以上の犠牲者を出した事故で、それまで技術者間の構想に過ぎなかった青函トンネルが急速に具体化した。

建設に着手したのは、東海道新幹線の建設が本格化して間もない１９６１（昭和36）年。東海道新幹線開業の年である１９６４（昭和39）年には、北海道側斜坑の掘削が始まった。１９７１（昭和46）年からはいよいよ本坑掘削が始まり、本坑の一部が水没するほどの異常出水事故に見舞われたりしながら、１９８５（昭和60）年3月10日、掘削開始から21年を経て本坑が貫通した。在来線の「海峡線」として開業したのは１９８８（昭和63）年３月13日。上野〜札幌間に寝台特急「北斗星」、翌年には大阪〜札幌間の「トワイライトエ

新幹線と在来線が共用する青函トンネル。これは北海道新幹線開業9日前に寝台特急「カシオペア」から撮影したもの

クスプレス」が運行され、豪華寝台列車ブームの火付け役となった。

当初は在来線として開業した青函トンネルは、元々新幹線規格で設計されており、北海道新幹線開業後は新幹線への転用が決まっていた。しかし、新幹線が開業したからといって1日50本以上が運行されている貨物列車を廃止にはできない。そこで、在来線と新幹線が合流する本州側の新中小国信号場から、奥津軽いまべつ駅、青函トンネルを経て木古内駅手前の分岐点まで、約85キロにわたって在来線用の狭軌（線路幅1067ミリ）と新幹線用の標準軌（線路幅1435ミリ）が共存する「三線軌条区間」が設定されている。進行方向左側のレールは新幹線と在来線とで共用し、進行方向右側に狭軌と標準軌、2本のレールが設定されている。新幹線に乗車していても、進行方向右側の窓から三線軌条を観察できるほか、木古内駅に近い新幹線ビューポイントなどから、新幹線と貨物列車が三線軌条を走行する様子を観察できる。

## ――貨物列車を新幹線規格の車両に載せるアイディアも

在来線とフル規格の新幹線が施設を共有するという、全国的にも珍しい運行方法を採用している青函トンネルだが、このために新幹線の速度が制限されている。三線軌条区間では新幹線が最高時速110キロの貨物列車に追いついたり、すれ違い時に風圧でコンテナが変形したりしないよう、新幹線の速度が原則として時速160キロ（一部実験的に210キロ）に制限されているのだ。

この問題を改善するために、さまざまな方策が検討されている。ユニークなのが、JR北海道が研究していた「トレイン・オン・トレイン」構想だ。これは、在来線の貨物列車を一回り大きな新幹線規格の車両にすっぽり搭載し、高速で走行するというもの。これならコンテナが風圧で変形する恐れもなく、標準軌の車両が走行するので従来よりも高速で走行できる。ただ、貨物列車を新幹線規格の車両に積載するための広大な施設が本州側と北海道側の両方に必要となる点や、車両の上に車両を載せるので重心が高くなってしまい安定性に問題が生じるといった問題がある。このためＪＲ北海道の経営状態がよくないこともあって、実用化の目処はたっていない。

現在は、実際に新幹線と貨物列車が高速ですれ違った時の影響についての検証が進められているほか、新幹線と貨物列車のダイヤを調整して、すれ違いや追いつきのリスクを最小限にする方法が模索されている。２０２１年現在、新幹線列車の青函トンネル通過時間は、通常の１６０キロ走行時で約22分、貨物列車の少ない時期に実証実験として行われている２１０キロ走行時は約19分だ。もし、今後検証と調整が進んで、他の区間と同じ２６０キロ走行が実現すれば、通過時間は約15分まで短縮され、東京～新函館北斗間は３時間50分程度になると見込まれている。

約80kmにわたって、新幹線と貨物列車が同じ軌道上を走る　木古内駅付近

# 青函トンネルが遠回りな津軽半島経由になった理由



新青森駅を起点とする北海道新幹線は、津軽半島を北上して青函トンネルに入る。津軽海峡の西側を横断している青函トンネルだが、最初に構想が生まれた時は、東側の下北半島を経由する東ルートを想定していた。

津軽海峡は、日露戦争時にロシアの艦隊が通過するなど、国防上大きな意味をもっていた。そこで軍事物資の輸送を目的に下北半島側の大間線（大畑〜大間間）と北海道・渡島半島側の戸井線（五稜郭〜戸井間）の建設が進められたが、採算性の問題や資材不足からなかなか進まなかった。そんな中、１９３９（昭和14）年に鉄道省盛岡建設事務所が、大間線の地質調査に付随して、津軽海峡の地質調査を大臣官房技術研究所に依頼した。これが記録に残る青函トンネルに関する最初の調査だ。

終戦後間もない１９４６（昭和21）年2月26日、運輸省の鉄道総局で、「津軽海峡連絡隧道調査法打合せ会議」が開かれ、東ルートと西ルートの比較が行われた。だが、この時点ですでに本命は津軽半島経由の西ルートだった。

津軽海峡は、津軽半島側の直線距離が約22キロであるのに対し、下北半島側は約19キロ

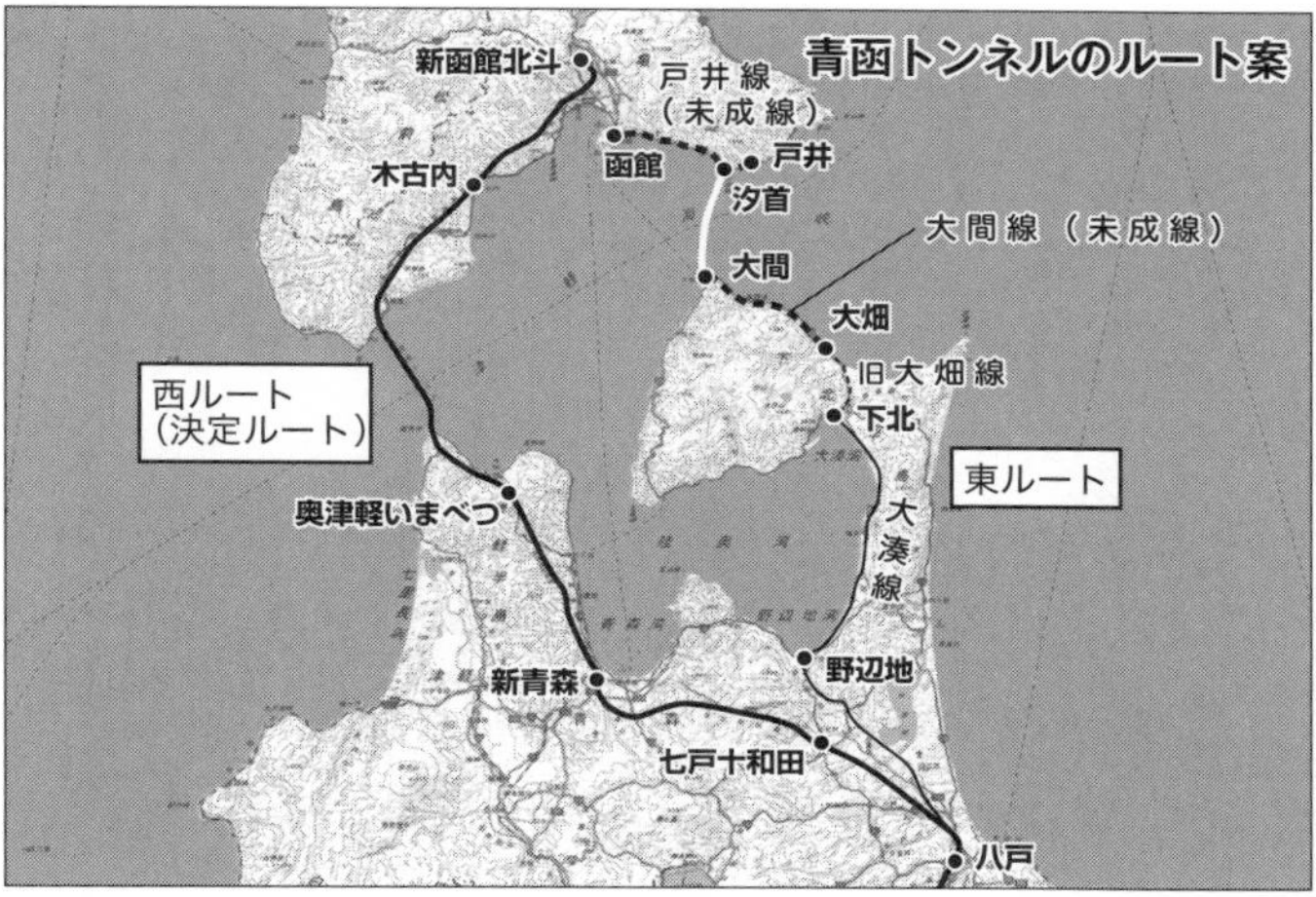


と３キロほど短い。それなのに、なぜ東ルート案は早々に除外されてしまったのだろう。

それは、津軽海峡の海底地形にあった。津軽海峡の水深は西側よりも東側の方が深く、東側は最大水深２７０メートルの地点を通過しなくてはならない。海の部分が短くても、これではトンネルの延長がとても長くなってしまう。一方西側には、山の尾根のように水深が浅くなっている場所があり、最大水深は１４０メートルで済んだ。さらに、東側の海底は礼文島から羊蹄山、奥羽山脈を経て浅間山に至る那須火山帯が通り、断層や破砕帯が多いなど地質がトンネル建設に全く向いていなかった。こうした理由から、青函トンネルは西ルートが適当であると判断され、この時点で東ルートは事実上断念されたのである。

# 北海道新幹線には三つの廃駅がある！

北海道新幹線には、今は廃止された駅が三つある。といっても、いずれも在来線の海峡線だった時代に設置され、新幹線開業前に廃止された駅だ。

そのうち二つは、青函トンネル内にあった。これは、トンネルの建設時に建設拠点として設置され、海峡線の開業後は保守基地や非常時の避難経路として使用された「竜飛《たっぴ》定《てい》点《てん》」と「吉岡定点」を観光向けに旅客駅化したもので、それぞれ「竜飛海底駅」「吉岡海底駅」と称し、「世界初の海底駅」とうたわれた。ただし、実際の位置は海底ではなく、海岸線に近い地下にあった。

竜飛海底駅と吉岡海底駅は、通常の駅と異なり自由に乗降することはできず、あらかじめ乗車券のほか見学用整理券を購入し、決められたコースに従って下車・乗車する必要があった。下車後は、青函トンネルの見学コースに参加するきまりで、当初は地上に出ることはできなかった。竜飛海底駅の直上には外ヶ浜町の青函トンネル記念館があり、青函トンネル建設時に作業員や資材を運んだケーブルカーが「青函トンネル竜飛斜坑線」として観光向けの旅客営業をしている。当初は、防災上の理由から竜飛海底駅とケーブルカーを

旧竜飛海底駅の直上には青函トンネル記念館がある。青函トンネル竜飛斜坑線の「体験坑道駅」は日本で最も低い場所にある駅だ

行き来することはできなかったが、2002（平成14）年からは、竜飛海底駅の見学コースにケーブルカーと青函トンネル記念館が組み込まれ、竜飛海底駅に下車した人は、ケーブルカーに乗って地上に出ることができた。ただし、必ずまた竜飛海底駅に戻って決められた列車に乗らなくてはならず、竜飛海底駅・青函トンネル記念館から別の場所へ行くことはできなかった。

　津軽海峡と青函トンネル観光の目玉として、90年代から2000年代にかけて一定の人気を得た海底駅だったが、利用者の減少と、北海道新幹線の建設工事の資材置き場とするため、まず2006（平成18）年に吉岡海底駅が臨時駅に格下げされて旅客列車の停車が全面中止。残った竜飛海底駅も、2013（平

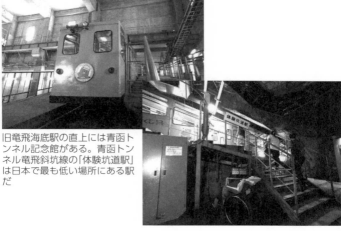

成25）年11月10日限りで旅客列車の停車と見学ツアーが終了し、北海道新幹線の開業を2年後に控えた2014（平成26）年3月15日付で廃止された。

駅としての営業を終了し、本来の姿に戻った「竜飛定点」「吉岡定点」だが、保守基地と非常時の避難経路としては確保されており、今も蛍光灯が点灯しホームを確認することができる。青函トンネル竜飛斜坑線も健在で、かつてのホームに出ることはできないが、作業坑内を見学していると、青函トンネルを通過する新幹線や貨物列車の走行音が聞こえてくる。

## ――1日2本しか停車しなかった幻の駅は展望塔に

もう一つの廃止駅が、北海道側の知内駅《しりうち》だ。こちらは、青函トンネルが在来線として開業した1988（昭和63）年に、北海道側の保守基地として新湯の里信号場が開設されたが、地元知内町の請願によって1990（平成2）年7月1日から知内駅として旅客営業を開始した。もっとも、旅客営業を開始した当時から、停車する列車は上下とも朝夕1本ずつの2往復しかなく、集落も離れているため利用者は極めて少なかった。1997（平成9）年には、駅前に「道の駅しりうち」がオープンしたが、これ以降、知内駅は「道の駅の裏にある誰も知らない謎の駅」という状態になり、駅前を通る国道228号には道の

かつて知内駅があった湯の里知内信号場。左の建物には道の駅が入っている

駅の看板はあってもJR知内駅の案内はほとんどなかった。

北海道新幹線の事業計画においても知内駅が新幹線の停車駅に昇格することはなく、新幹線の整備工事が本格化した2014（平成26）年3月15日に旅客営業を廃止。北海道新幹線が開業すると、知内信号場から湯の里知内信号場に改称された。

知る人ぞ知る存在だった知内駅だが、道の駅しりうちは今も健在で、かつて待合室があったあたりには、新幹線展望塔がある。ここでは、貨物列車が退避する横を新幹線が通過する様子を見ることができる。現地や知内町のウェブサイトには、列車通過予測時刻表も公開されている。木古内からレンタカーで訪れたい。

## 少しでも函館に近づけようとした？ 新函館北斗駅の大カーブ

木古内駅から内陸部のトンネルを通過し、やがて函館平野に出た列車は左に大きくカーブして現在の終着・新函館北斗駅に到着する。新函館北斗駅のすぐ先には、完成すれば山岳トンネルとして日本最長となる全長32・６７５キロの村山トンネルが坑口を開けている。ここから札幌駅までの２１１・５キロは、２０３０年度末の開業をめざして建設中だ。

北海道新幹線の車窓のハイライトが、新函館北斗駅到着直前にある大カーブだ。整備新幹線のカーブは、時速２６０キロ以上で走行できるよう原則として半径４０００メートル以上で建設することが決められている。一方、新函館北斗の大カーブはそれよりも急な半径３０００メートル。しかも、約7キロにもわたる長い曲線で、木古内から北東に向かっていた列車は左に約１３０度進路を変えて、北西に向く。札幌に向けて最短のルートをとりつつ、函館市内へのアクセス交通となる函館本線に接続するため、このような線形となった。このため、列車はカーブに進入する時点で時速２１０キロ程度まで減速するが、終着駅が近く、また札幌開業後も新函館北斗駅を通過する列車は想定されていないので、十分ということなのだろう。

きじひき高原展望台から眺める新函館北斗の大カーブと車両基地。空気が澄んでいれば函館市街もよく見える

新函館北斗駅から函館駅へは、在来線の「はこだてライナー」で約15分。函館駅への新幹線乗り入れを希望する声も根強かったが、渡島半島の南端という函館市街の立地上、進行方向が変わるスイッチバック方式にでもしない限り函館駅への乗り入れは難しく、事実上不可能だった。新函館北斗手前の大カーブが規格より急曲線となったのは、少しでも函館市街へのアクセスをよくしようという表れともいえる。新函館北斗〜函館間を標準軌にして、ミニ新幹線を走らせるというアイディアもあるが、具体的な検討には至っていない。

新函館北斗駅の北にあるきじひき高原展望台からは、この新幹線の大カーブと車両基地を一望できる。ここから先へ列車が走り出すのは、まだしばらく先だ。

## コラム 東北新幹線開業前の特急列車

写真：payless images

東北・北海道新幹線には、定期列車だけでも毎日100往復近い列車が運行されている。では、新幹線がなかった時代は何本の特急が運行されていたのだろう。

東北新幹線が開業する以前の、1980（昭和55）年10月、上野駅を発着する東北本線の定期特急列車は、常磐線経由を含め毎日43往復も運行されていた。代表的な列車では、青森行き「はつかり」6本、盛岡行き「やまびこ」4本、そして仙台行き「ひばり」は実に14本。奥羽本線経由秋田行き「つばさ」や山形行き「やまばと」、常磐線経由青森行き「みちのく」もあった。夜になると、寝台特急「はくつる」、「ゆうづる」、「北星」次々と発車。さらには急行列車や通勤列車、貨物列車も同じ線路を走っていた。東北本線も、新幹線開業直前は輸送力が限界だったのだ。

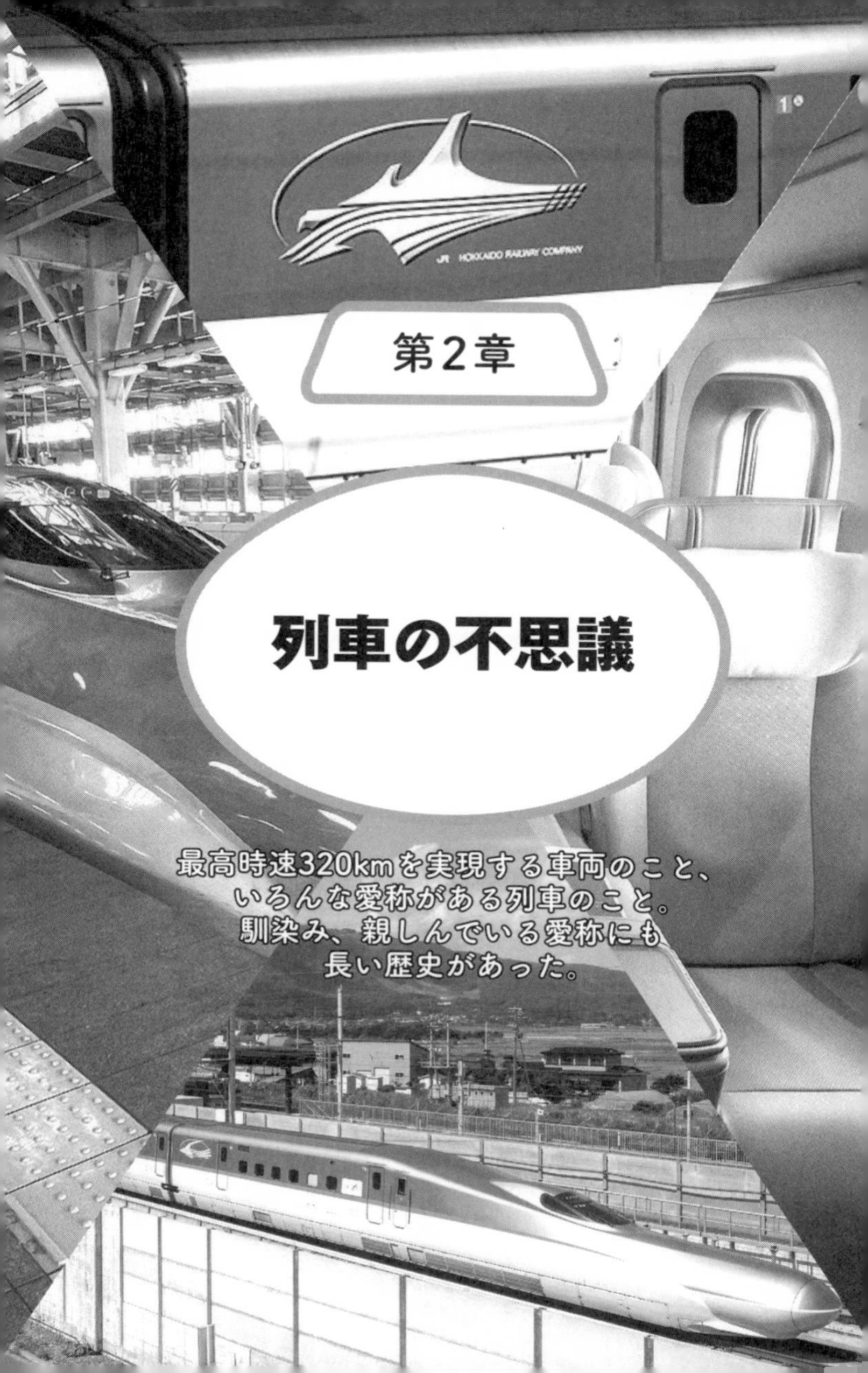


第2章

# 列車の不思議

最高時速320kmを実現する車両のこと、
いろんな愛称がある列車のこと。
馴染み、親しんでいる愛称にも
長い歴史があった。

## 停車駅では区分できない、
## 東北・北海道新幹線の愛称の謎

東北新幹線には、山形・秋田新幹線への直通列車を除くと、「はやぶさ」「はやて」「やまびこ」「なすの」の4種類の列車がある。東海道新幹線では、速達タイプの「のぞみ」、途中いくつかの駅に停車する「ひかり」、各駅停車の「こだま」と、愛称ごとに性格がはっきりしているが、東北・北海道新幹線はやや曖昧だ。

各列車は、次のように定義できる。「はやぶさ」は「320キロ運転が可能な全席指定列車」、「はやて」は「最高速度が275キロ以下の全席指定列車」。「やまびこ」は「最高速度が275キロ以下かつ盛岡以南で運行される自由席のある列車」、「なすの」は「郡山以南で運行される各駅停車」。

同じ愛称でも、運行区間と停車駅にはいくつかの種類がある。「はやぶさ」は、原則として「1号」から始まる1～2桁の列車が新青森または新函館北斗直通の列車だ。首都圏対北東北・北海道など長距離輸送を担当し、大宮～盛岡間では原則として仙台のみ停車。ごく一部の列車が古川・一ノ関・北上に停車する。盛岡から先は、新青森のみ停車、各駅停車、八戸停車、いわて沼宮内のみ通過など、さまざまなタイプがある。各駅の需要に応じて、八戸は1時間に1本、二戸と七戸十和田は1～2時間に1本、いわて沼宮内は2～3時間に1本停車するよう調整されているからだ。「101号」から始まる3桁タイプは盛岡止まり。首都圏対宮城・岩手県間の速達を使命とし、仙台からは各駅停車となる。

## ――幻の列車となりつつある「はやて」

極めてレアな、「幻の列車」ともいうべき存在が「はやて」だ。「はやて」は、2021年現在、新青森～新函館北斗間と、盛岡～新函館北斗間の各1往復しかない。車両はE5系だ。なぜ、この2本だけ独自の愛称がついているのか。

それは、盛岡～新函館北斗間の最高速度が時速260キロに制限されているからだ。「はやて」は、2002（平成14）年12月1日、東北新幹線盛岡～八戸間の開業時に誕生した。E2系10両編成が投入され、最高時速275キロ、最速2時間59分、全車指定席のフラッグシップトレインだった。

ところが、2011（平成23）年3月に最高時速300キロ（後に320キロ）のE5系「はやぶさ」がデビューすると、フラッグシップの座は「はやぶさ」に移る。E5系の増備とともに「はやて」はどんどん数を減らし、2019（平成31）年3月改正では、とうとう東京～盛岡間から定期列車が消滅。かろうじて存続した臨時便も、コロナ禍の202

0（令和2）年に姿を消した。

残ったのが、盛岡・新青森～新函館北斗間の2往復だ。この区間は、最高速度が時速260キロに抑えられており、320キロ運転が可能な区間が存在しない。そのため、盛岡～新函館北斗間のみ運行される列車は「はやぶさ」ではなく「はやて」を名乗っている。

## ――バラエティ豊かな「やまびこ」

「やまびこ」は、東北新幹線が開業した時には「ひかり」タイプの最速列車だったが、現在は速達タイプから各駅停車までさまざまなタイプがある。東京9時24分発の「やまびこ131号」仙台行きは、上野を通過して大宮と福島のみ停車する速達列車。一方、東京発7時44分発の「やまびこ205号」仙台行きは、完全な各駅停車だ。仙台までの所要時間は131号が1時間49分、205号は2時間21分。実に30分以上開きがある。

| 新函館北斗 | 木古内 | 奥津軽いまべつ | 新青森 | 七戸十和田 | 八戸 | 二戸 | いわて沼宮内 | 盛岡 | 新花巻 | 北上 | 水沢江刺 | 一ノ関 | くりこま高原 |
|---|---|---|---|---|---|---|---|---|---|---|---|---|---|
| ○ | ▲ | ▲ | ○ | ▲ | ▲ | ▲ | ▲ | ○ | - | ▲ | - | ▲ | - |
| ○ | - | - | ○ | ○ | ○ | ○ | ○ | ○ | ○ | ○ | ○ | ○ | ○ |
| | | | | | | | | ○ | ○ | ○ | ○ | ○ | ○ |
| ○ | ○ | ○ | ○ | ○ | ○ | ○ | - | ○ | | | | | |
| | | | | | | | | ○ | ○ | ○ | ○ | ○ | ○ |
| | | | | | | | | ○ | ○ | ○ | ○ | ○ | ○ |
| | | | | | | | | | | | | | |
| | | | | | | | | | | | | | |
| | | | | | | | | | | | | | |
| | | | | | | | | | | | | | |

※290・293号は郡山発着

| | 東京 | 上野 | 大宮 | 小山 | 宇都宮 | 那須塩原 | 新白河 | 郡山 | 福島 | 白石蔵王 | 仙台 | 古川 |
|---|---|---|---|---|---|---|---|---|---|---|---|---|
| はやぶさ 1～46号 | ○ | ▲ | ○ | - | - | - | - | - | - | - | ○ | ▲ |
| 95・96号 | | | | | | | | | | | ○ | ○ |
| 101～112号 | ○ | ○ | ○ | - | - | - | - | - | - | - | ○ | ○ |
| はやて 91～94号 | | | | | | | | | | | | |
| やまびこ 50～70号 | ○ | ○ | ○ | - | ○ | - | ▲ | ○ | ○ | ▲ | ○ | ○ |
| 94～99号 | | | | | | | | | | | ○ | ○ |
| 122～159号 | ○ | ▲ | ○ | - | ▲ | - | - | ▲ | ▲ | ▲ | ○ | |
| 201～223号 | ○ | ○ | ○ | ▲ | ○ | ▲ | ○ | ○ | ○ | ▲ | ○ | |
| やまびこ ＊290・291・293号 | | | | | | ○ | ○ | ○ | ○ | ○ | ○ | |
| なすの | ○ | ○ | ○ | ○ | ○ | ○ | ○ | ○ | | | | |

○停車　▲通過あり　-通過

「やまびこ」も、号数によって性格が異なる。50～70号は盛岡直通タイプ。開業以来の「やまびこ」に近い列車で、上野・大宮・宇都宮・郡山・福島と停車し仙台から各駅停車となる。123号など、100番台の列車は仙台止まりだ。131号のように大宮・福島のみ停車の速達列車や、白石蔵王などに停車する便もある。201号など200番台は仙台止まりの各駅停車タイプで、完全な各駅停車と、白石蔵王のみ通過する列車がある。

通勤・通学輸送特化型列車が「なすの」だ。東京～小山・那須塩原・郡山間で運行されているが、下りは夜20時以降、上りは始発から9時台までの設定が多い。車両はほとんどがE5系またはE5系＋E6系で普通車が全車自由席の列車も多い。

この他、1997（平成9）年までは東京～仙台間に各駅停車の「あおば」が運行されていた。

# 鉄道技術の粋を集めたE５系
# その乗り心地のひみつ

東北・北海道新幹線の主力車両が、グリーンの車体でお馴染みのＥ５系だ。最高時速３２０キロ、「はやぶさ」をはじめ、「やまびこ」「なすの」「はやて」に使われている。

Ｅ５系は、東京～新青森間を３時間で結ぶことを目標に開発された車両だ。最高時速３６０キロをめざして２００５（平成17）年から走行試験を行っていたＥ９５４形高速試験車「ＦＡＳＴＥＣＨ《ファステック》３６０」のデータをフィードバックして開発され、東北新幹線八戸～新青森間の開業から３カ月後の２０１１（平成23）年３月５日に営業運転を開始した。最高時速は当初３００キロで、２０１３（平成25）年から３２０キロに引き上げられた。

「将来の２６０キロ運転を想定した設計」で建設されていた東北新幹線で３２０キロ運転を実現するために、Ｅ５系にはさまざまな技術が投入されている。その一つが、曲線区間で車体を１・５度内側に傾ける車体傾斜装置だ。曲線では遠心力を打ち消すために線路に傾き（カント）が設けられているが、３２０キロ運転ではその角度が不足する。そこで、車体と台車（車輪）の間のクッションにあたる空気ばねを使って、車体を強制的に傾けて高速走行する装置だ。また、電気で動くアクチュエーターによって線路から伝わる揺れを

乗り心地のよさではトップクラスのE5系。基本設計が古い山形新幹線のE3系と乗り比べるとその違いがよくわかる　新函館北斗

打ち消すように車体を動かすフルアクティブサスペンションを全車両に搭載。日本の鉄道でトップクラスの乗り心地を実現している。先頭車の15メートルに及ぶロングノーズは、トンネル突入時の騒音を抑えると同時に空気を自然に後方へ流し、乱気流によって車体が揺れることを防いでいる。乗車したら、その揺れの少なさを体感してみよう。

車両はすべて10両編成で、青森方先頭10号車は飛行機のファーストクラス並みともいわれるグランクラス、9号車がグリーン車だ。普通車は、座席間隔がE2系よりも60ミリ広がって1040ミリとなり、足もとが広々としている。可動式枕は以前ならグリーン車にしかなかった設備で、「普通車」のグレードを一段階引き上げた。

# ＪＲ北海道のＨ５系が北海道新幹線を滅多に走らない理由

ＪＲ北海道が所有するＨ５系は、ＪＲ東日本のＥ５系にそっくり。実際、車両の仕様はほぼ同じで、一部のデザインだけが異なる。車体側面のラインが、Ｅ５系のピンクに対してＨ５系は北海道を代表する花であるライラック、ルピナス、ラベンダーをイメージした彩香《さいか》パープルとなり、ロゴマークも北海道とシロハヤブサをイメージしたものになった。内装では、乗降扉周辺にＪＲ北海道のコーポレートカラーである萌黄色が使われているほか、客室の床面には雪の結晶（普通車）や流氷（グリーン車）、津軽海峡や函館湾の水面（グランクラス）などをイメージした模様が使われている。

窓のブラインドも、Ｅ５系が無地であるのに対し、Ｈ５系には道内で出土した縄文式土器や、アイヌ民族の文様をデザインした模様がプリントされている。

もっとも、Ｅ５系が45編成４５０両もの大所帯なのに対し、Ｈ５系は４編成40両しかない。しかも、普段稼動するのはこのうち２編成だけ。Ｈ５系は非常にレア度の高い車両だ。

幸い、Ｈ５系が使用される列車は、２０１６（平成28）年の開業以来ほぼ固定されている。左の表は、２０２１年10月現在の運用だ。２日間の運用パターンを、２本の編成が交

**1日目**

| | | | | | |
|---|---|---|---|---|---|
| はやぶさ10号 | 新函館北斗 | 6:39 | → | 11:04 | 東京 |
| はやぶさ21号 | 東京 | 11:20 | → | 14:43 | 新青森 |
| はやぶさ42号 | 新青森 | 17:44 | → | 21:04 | 東京 |
| やまびこ223号 | 東京 | 21:44 | → | 23:46 | 仙台 |

**2日目**

| | | | | | |
|---|---|---|---|---|---|
| はやぶさ95号 | 仙台 | 6:40 | → | 10:01 | 新函館北斗 |
| はやぶさ28号 | 新函館北斗 | 12:48 | → | 17:04 | 東京 |
| はやぶさ39号 | 東京 | 17:20 | → | 21:44 | 新函館北斗 |

※独自調査による推定

互に繰り返している。H5系は北海道新幹線の車両ながら東北新幹線内での折り返しがあり、新函館北斗駅には早朝と正午前後、そして夜の1日4本しか発着しない。

これは、鉄道会社が相互直通運転をする場合、お互いに相手の路線を走る総距離をなるべく揃えるという原則があるからだ。北海道新幹線の定期列車は1日13往復。このうちJR北海道のH5系は2往復、JR東日本のE5系は11往復で、E5系はJR北海道の線路を1日3273・6キロ走る。一方H5系は、2往復ではJR東日本の東北新幹線を1日2699・6キロしか走れない。そこで、H5系は東京〜青森間の1往復を加えて、1日に東北新幹線を4049・4キロ走る。今度はH5系の方が多くなったが、臨時列車にE5系を使うことでバランスがとれる仕組みだ。

# 旧型車両だなんて言わせないE2系の功績

山形新幹線「つばさ」と併結する「やまびこ」に使用されている車両が、Ｅ２系だ。元は、１９９７（平成９）年に北陸新幹線高崎〜長野間が「長野行新幹線」として開業した際にデビューした車両で、現在東北新幹線で使われている車両は、２００２（平成14）年の盛岡〜八戸間開業時に投入された１０００番代と呼ばれる車両だ。製造からすでに20年が経過し、Ｅ５・Ｈ５系が増えた今では、やや旧式に見えてしまうことは否めない。だがＥ２系は、現在ＪＲ東日本で使用されているすべての新幹線車両のベースとなった歴史的な車両だ。

現在使用されている１０００番代は、高速鉄道としては初めて、両先頭車とグリーン車にフルアクティブサスペンションを採用した車両だ。これはセンサーが左右方向の揺れを検知し、圧縮空気で台車内のアクチュエーターを揺れとは反対方向に動かして揺れを打ち消すシステムで、乗り心地を飛躍的に高めた。また、普通車には揺れを吸収するダンパーの力（減衰力）が揺れに応じて変わるセミアクティブサスペンションを搭載。また低騒音型のパンタグラフを採用し、時速２７５キロでの快適な乗り心地と環境性能を実現した。

JR東日本が得意とする、前照灯を運転席の上部に置き「目玉」がないように見えるスタイル　白石蔵王

このシステムは、改良型が北陸新幹線E7系に受け継がれたほか、E5系には圧縮空気ではなく電気を使うフルアクティブサスペンションが全車両に搭載されるなど、さらに進化を続けている。「やまびこ」に乗る時は、E5系とE2系を乗り比べてみると面白い。

E2系1000番代の魅力は、その大きな窓だ。普通車の場合、座席2列に対して1枚の窓を配置する大型窓を使用しており、特に後列の座席に座ると、開放感があり車窓風景がよく見える。かつては、乗客サービスの一環として多くの車両に採用された大型窓だが、ガラスは重く壊れやすいために車体軽量化・低コスト化のボトルネックとなり、現在ではこのE2系1000番代に残るのみとなってしまった。

# 新幹線のノーズのひみつ

新幹線車両のかっこよさは、なんといっても生きもののような流線形の先頭部にある。新型車両が登場するたびに、先頭車両のノーズは長くなり、現在主力のＥ５系の先頭車は、全長25メートルのうち実に15メートルが流線形のノーズだ。三次元曲線を描いたいかにもハイテクらしい形状が美しい。

この流線形は、もちろん、より空気抵抗を減らして高速で走行するため……ではない。速く走るだけなら、Ｅ５系のような極端に長い先頭形状は必要ない。初代新幹線車両である０系とほぼ同様の「団子鼻」形状だった９６１形試験車は、１９７９（昭和54）年に東北新幹線の小山総合試験線で時速３１９キロを記録している。



現代の新幹線車両の先頭形状は、トンネル突入時の騒音を減らすことが主な目的だ。鉄道車両が高速でトンネルに入ると、トンネル内の空気が一気に圧縮されて、反対側の坑口から押し出される。この時、微気圧波、通称「トンネルドン」と呼ばれる爆発音を発生させる。昔のおもちゃの空気鉄砲が、「ポンッ」と音を出すのと同じ原理だ。

新幹線は、１９７０年代の名古屋新幹線訴訟をきっかけに沿線の騒音を70～75デシベル

E2系の9.1mに対しE5系のノーズは15m。10年あまりで東北新幹線の先頭形状は大きく進化した

以下に抑えるよう環境基準が定められている。この基準を達成するために微気圧波を減らす必要があった。それには、ゆっくりトンネルに入るのが有効だが、トンネルのたびに減速するわけにはいかない。そこで、先頭部をくさび状にして、先端から徐々に断面積が大きくなる形状とすれば、ゆっくりトンネルに入るのと同じ効果が得られる。しかし鉛筆のように単純な形状とすると、客室が狭くなりすぎるうえに、先頭部にぶつかった空気が乱気流を起こして車体を揺らしてしまう。そこでなるべく客室を広く取れて、より空気を自然に流す形状についての研究が重ねられ、現在のE5系の先頭形状が誕生した。今後、時速360キロ運転を実現するために、先頭形状のさらなる研究が進められている。

## 本当は新幹線ではない？ 山形・秋田新幹線が採用した「ミニ新幹線」とは

東北新幹線には、「つばさ」と「こまち」も乗り入れている。「つばさ」は福島駅から山形新幹線に、「こまち」は盛岡駅から秋田新幹線に分岐する。この二つの路線は「ミニ新幹線」と呼ばれるが、法律上は「新幹線」ではない。「線路幅を新幹線と同じ１４３５ミリとした在来線」だ。「つばさ」と「こまち」は、東北新幹線と在来線とを直通する特急列車なので、正式には「新在直通特急」であり、通称として「ミニ新幹線」という名称が使われている。最高速度も、フル規格新幹線の半分となる時速１３０キロだ。

ミニ新幹線が初めて開業したのは、１９９２（平成４）年の山形新幹線福島～山形間だ。構想は、国鉄時代の１９８０年代からあった。フランスの高速鉄道ＴＧＶが、線路幅が同じ在来線に乗り入れていることにヒントを得たものだった。速達効果はフル規格の新幹線よりも小さくなるが、乗り換えることなく山形と首都圏とを直結できる。しかも、既存の路線を活用するので建設費は格安だ。例えば、２００２（平成14）年に開業したフル規格の東北新幹線盛岡～八戸間96・６キロは建設に４５００億円かかっているが、山形新幹線福島～山形間87・１キロの整備費は車両を含め６３０億円。東京から新幹線の列車を呼び

在来線の山形線から福島駅新幹線ホームに乗り入れてくる山形新幹線「つばさ」。車体も在来線サイズで普通車は４列シートだ

込むには破格の安さといえた。

山形新幹線は開業と同時に大成功を収め、１９９７（平成９）年には秋田新幹線が、１９９９（平成11）年には山形新幹線山形〜新庄間が開業した。一時は東北新幹線盛岡以北などにも採用されそうになったが（58ページ）、次第に問題点も明らかになる。それは、フル規格新幹線の高速化により遅さが目立つようになったことと、輸送力が不足することだ。

東京〜山形間は「はやぶさ」の東京〜盛岡間よりも時間がかかり、東京〜秋田間は４時間近くを要する。また、在来線なので運行本数や編成の長さに制約があり、特に山形新幹線は慢性的な混雑に悩まされることになった。

こうしたことから、山形・秋田新幹線以降、ミニ新幹線方式を採用した路線はない。

# !? 東北新幹線ならではの「多層建て列車」

かつて国鉄時代は、別々の行先の列車が途中まで連結して1本の列車として走る「多層建て列車」が全国にあった。途中で列車を分割・併合する手間はあったものの、輸送力も労働力も限られた時代、列車を効率よく走らせることができた。

在来線では少なくなった多層建て列車だが、東北新幹線では今も「やまびこ」と「つばさ」、「はやぶさ」と「こまち」がそれぞれ福島駅と盛岡駅で分割・併合を行っている。分割・併合作業には数分かかるが、それでも東北新幹線が日常的に多層建て列車を走らせている理由の一つは、東京〜大宮間の混雑にある。

東京〜大宮間は東北新幹線の一部だが、実際には山形・秋田・上越・北陸新幹線といったJR東日本系列の新幹線がすべて乗り入れている。この区間は最短4分間隔で列車を走らせられるが、田端にある車両基地に出入りする回送列車もあり、目的地別にすべて別の列車にしてしまうと、走らせられる列車の数が不足してしまう。

また、山形・秋田新幹線は在来線に直通するミニ新幹線で、1両あたりの定員が少ないうえ1列車の長さも7両以下に限定される。これでは、東京〜宇都宮間のような混雑する

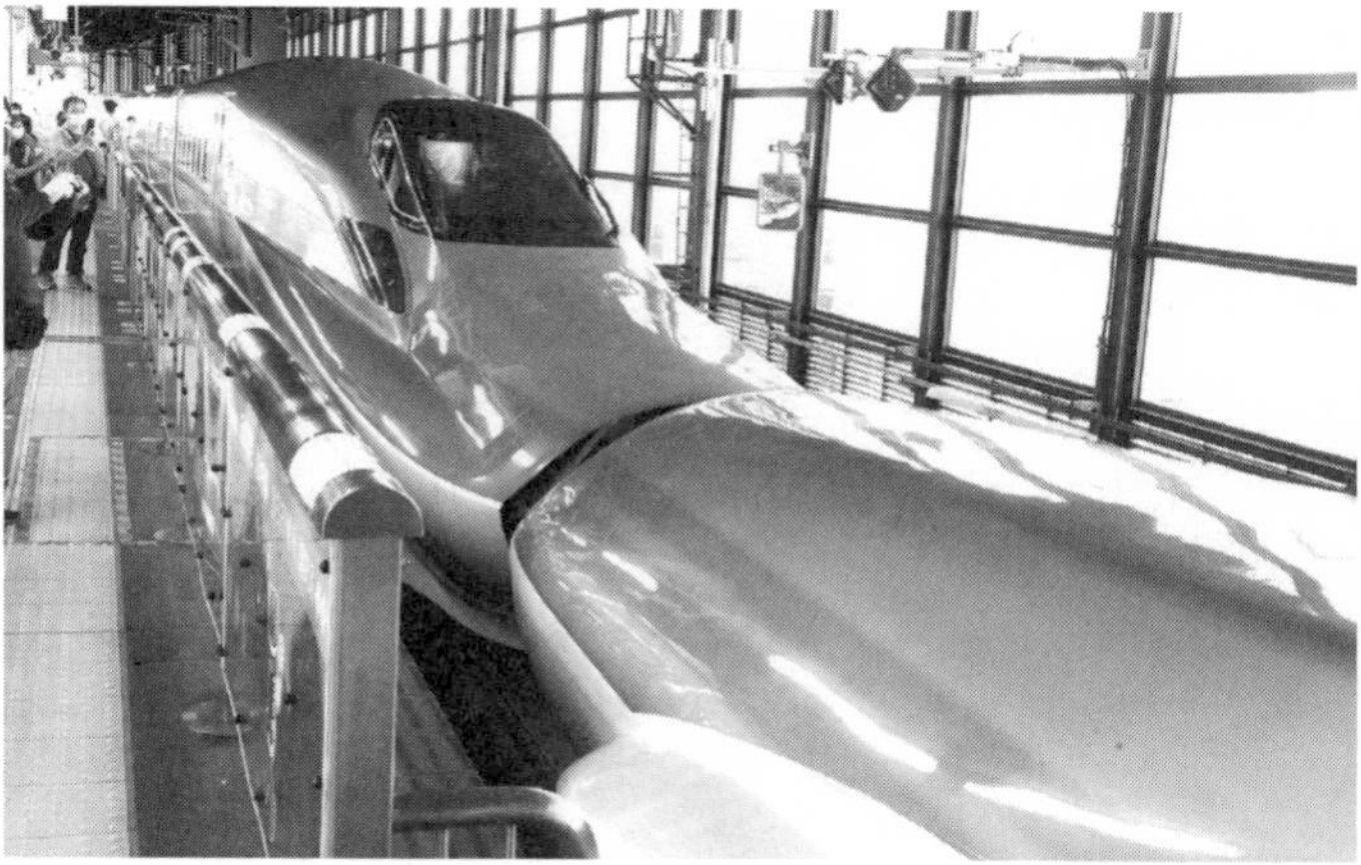
「はやぶさ・こまち」は盛岡駅で分割・併合を行う多層建て列車だ。限られた線路容量を効率よく利用している

区間で乗客が乗り切れない恐れが出てきてしまう。一方、東北新幹線と上越新幹線を併結すると、それぞれ8両ずつとなって輸送力が不足し、大宮駅での停車時間が延びて列車が渋滞してしまう。

そこで、多少所要時間は延びてしまうことは承知のうえで、ミニ新幹線は原則として東北新幹線の列車と併結運転を行っている。

なお、朝の下り「つばさ」など、一部のミニ新幹線列車は東北新幹線内で単独運転を行っている。またコロナ禍による乗客減少により、2021（令和3）年11月からは一部「こまち」の単独運転や、秋田新幹線用E6系7両編成で運行される「はやぶさ」が登場しており、東北新幹線でも多層建て列車は減る傾向となってきた。

# グランクラスを安くたっぷり楽しむ裏ワザ

飛行機のファーストクラス並みの贅沢な3列シートでゆったりとした旅を楽しめる、Ｅ５・Ｈ５系のグランクラス。「はやぶさ」なら、一部の列車を除いて専属のアテンダントが乗務し、軽食と飲み放題のドリンクサービスがつく。

もっとも、ファーストクラス並みの設備なだけあって、グランクラス料金（ＧＣ料金）はなかかいいお値段だ。特に東北新幹線と北海道新幹線を乗り通す場合、ＧＣ料金は通算されず、東京～新青森間と新青森～新函館北斗間の合計金額から２１００円を割り引いた額が適用されて、割高となる。東京～新青森間のＧＣ料金は１万４４８０円。これが新函館北斗まで乗り通すと、１万６４２０円に跳ね上がる。だから、コストパフォーマンスを考えるなら、グランクラスの利用は東京～新青森間に留めた方がおトクだ。運賃・特急券を含めた総額は2万７０００円台となる（紙のきっぷの場合）。

観光旅行などで特に急いでいない場合、リーズナブルにグランクラスを体験できるのが、東京～盛岡間だ。盛岡折り返しの「はやぶさ」は、仙台～盛岡間で各駅に停車するので２時間50分程度かかる。最速の「はやぶさ」で新青森まで乗車するのと（2時間58分）同じく

国内最上級のぜいたくな旅ができるグランクラス。「やまびこ」「なすの」は貸切状態になることも多くねらい目だ

らいの時間乗車でき、運賃・料金の合計は約3000円以上安くなって2万4000円程度で済む。

そしてのんびり過ごしたい人におすすめなのが、東京〜盛岡間「やまびこ」のグランクラスだ。「やまびこ」はアテンダントと軽食・ドリンクサービスがつかない代わりにGC料金が約2000円安く、空いている。しかもネット予約なら前日まで事前購入割引の「トクだ値」が利用でき、約1万8000円と「はやぶさ」よりも6000円も安く乗れる。浮いたお金で、駅弁やデパ地下の美味しいものを買っておけば、ぜいたくな旅を楽しめる。所要時間は3時間15分前後だ。

グランクラスを体験するなら東京〜盛岡間、と覚えておこう。

# 車窓と日差しで決める座席選びのテクニック

東北・北海道新幹線の車両は、普通車の場合は新函館北斗駅に向かって右側がＡ～Ｃ席の３列シート、左側がＤ・Ｅ席の２列シートだ。

東北新幹線はほぼ南北に走っているので、特に午前中はＡ～Ｃ席に日差しが入り、晴れた日はブラインドを下ろしたくなる。午後になるとＤ・Ｅ席側に太陽が移り、夕方はこちら側にブラインドを下ろす人が増える。

車窓風景を楽しむなら、東北新幹線はＤ・Ｅ席側がよい。１１２ページでも紹介するように、Ｅ席側には日光連山、安達太良山《あだたらやま》など日本百名山に数えられる山々がよく見えるからだ。Ａ席側も、筑波山や早池峰山《はやちねさん》といった名山が見えるものの、少々変化に乏しい。一方、北海道新幹線の区間では、Ａ席側がおすすめだ。新青森～奥津軽いまべつ間では津軽半島の狭い田園の向こうに、陸奥《むつ》湾と夏泊《なつどまり》半島、そして下北半島が見える。北海道側に渡ると函館山と函館湾を一望でき、飽きることがない。

乗り心地は、理論上車両の中央付近が一番よい。車輪を付けた台車は車両の前後にあり、カーブではこの台車を支点として回転し、線路からの揺れも台車から伝わるからだ。もっ

日差しを避けるなら午前中は２列席、午後は３列席がいい。こちらはE2系の普通車

とも、Ｅ５・Ｈ５系は全車にフルアクティブサスペンションを導入しており、カーブも緩やかなので、実際の乗り心地はさほど変わらない。Ｅ５・Ｈ５系の普通車は各車両東京寄りの１番Ｄ・Ｅ席の位置に大型荷物を置くスペースがあり、スーツケースなど大きな荷物がある人は、１～２番がおすすめだ。

座席２列ぶんの大型窓を採用したＥ２系は、車窓を眺めやすい窓に対して後列側の席を確保したい。下りは奇数列、上りは偶数列を選ぶのが基本。ただし、奇数号車の盛岡より車端部は小型窓なので、１号車11番、３号車17番、５号車15番、７号車17番は避けよう。また盛岡方先頭車の10号車だけは窓配置が逆なので、下りは偶数列、上りは１番を除く奇数列を選ぶとよい。

# なにより大事なコンセントはどこにある？

今や、私たちの生活に欠かせないスマートフォン。新幹線に乗車すると、スマホは普段よりもバッテリーを消費する。乗車中はついついスマホを操作してしまうということが一つ。そしてもう一つの大きな理由が、普段よりも頻繁に基地局を切り替えるため、スマホが最適な電波を検索し続けることだ。以前、圏外の区間があった頃は今よりもバッテリーの消費は激しかった。

バッテリーを消費するので、新幹線の中ではスマホを充電したくなる。現代の新幹線車両にはコンセントが必須だ。しかし、東北・北海道新幹線の車両には、乗客用コンセントがある車両とない車両、あっても窓際にしかない車両がある。

北海道新幹線のH5系は、普通車を含めてすべての席にコンセントがある。A・E席は足もとの壁面、B～D席は前列の座席後ろだ。最前列は、目の前の壁面にある。

E5系も、2015（平成27）年以降に製造された車両は、H5系と同様全席にコンセントがある。一方、2013（平成25）年以前に製造された車両は、普通車については窓側席と最前列のみだ。では、この2タイプはどう見分けるか。先頭車の乗務員扉と、運転

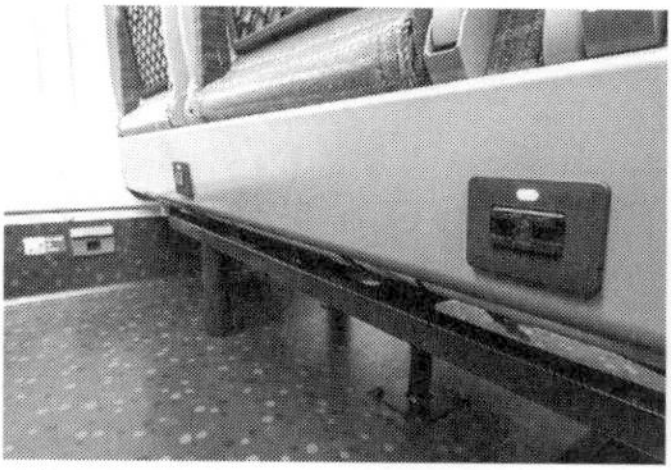

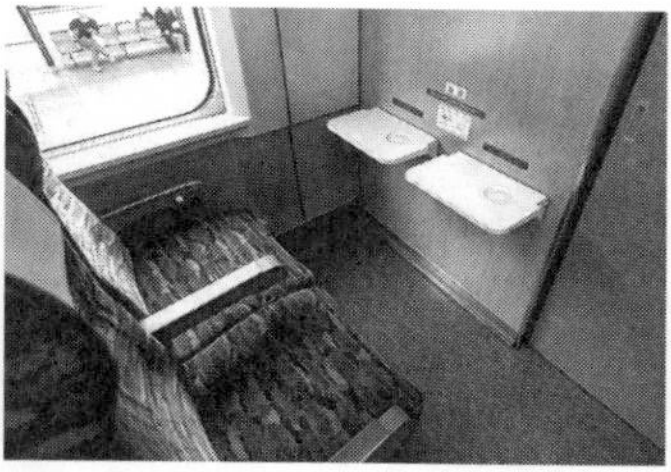

上）E5系は2015年以降製造の車両なら全席にコンセントあり　右上）E2系は大半の車両がコンセントなし　右）グランクラスやグリーン席はひじ掛けにあることが多い

台の窓に表示された編成番号で判断はできる。Ｕ１～Ｕ28とあれば窓側だけ。Ｕ29～Ｕ45であれば全席装備だ。ただし、時刻表などから自分の乗る列車がどの編成かを知ることはできない。

ミニ新幹線のＥ６系と大部分のＥ３系は、窓側席と最前列のみ装備だ。なお、以上の車両はグリーン席とグランクラスについては全席装備している。

問題は、Ｅ２系と一部のＥ３系だ。Ｅ２系は24編成あるが、このうちＪ70～Ｊ75編成の６本は窓側席と最前列、そしてグリーン車にコンセントを備えている。しかし、Ｊ52～Ｊ69編成の18本は、コンセントは一切なく、車内で充電はできない。Ｅ３系もＬ53～55編成にはコンセントがない。

# トンネルでも携帯の電波が届くのはトンネル内に基地局があるから



東北・北海道新幹線をはじめ、日本の新幹線ではトンネル内を含めほぼすべての区間で携帯電話の電波が通じる。以前は、一部の長大トンネル内が圏外だったが、フル規格新幹線は2020（令和2）年7月23日からすべての区間で携帯電話が通じるようになり、ミニ新幹線の山形・秋田新幹線も、同年12月15日までに全線で使えるようになった。これに伴い、2021（令和3）年6月30日限りで新幹線の公衆電話サービスが終了した。

新幹線のような鉄道の長大トンネル内で携帯の電波を使えるようにするには、トンネル内に交換局から光ファイバーと電源ケーブルを直接引き込み、複数の小型基地局を設けて走行中の列車に電波が届くようにする。基本的に走行中の列車にしか電波が届かないので、携帯電話事業者にとっては費用対効果が低いが、公共性は高い。そこで、長大トンネルへの携帯電波整備は、総務省の「電波遮へい対策事業」として行われ、国が整備費用の12分の5を補助している。通常は各社別々に基地局を整備している携帯電波事業者も、こうした場所では「移動通信基盤整備協会」を通じて共同で整備を行っている。

2010（平成22）年に東北新幹線が新青森駅まで全線開業した時は、トンネル内を含

青函トンネル内でも携帯の電波はしっかり届く。これはソフトバンクの電波を使うワイモバイル

めて携帯電話を使えたのは東京〜仙台間に過ぎなかった。国の「電波遮へい対策事業」を活用した結果、10年かけて、すべての区間でスマートフォンを使えるようになった。その中には、津軽海峡を渡る全長53・85キロの青函トンネルも含まれる。北海道新幹線が開業した時には、非常時の拠点となる竜飛定点と吉岡定点（70ページ）付近にしか電波が届かなかったが、現在は津軽海峡最深部からメール送受信やSNSへの投稿もできる。

ただし、これはNTTドコモ、KDDI、ソフトバンクの大手三社と、その電波を使用するMVNO（仮想携帯通信事業者）の話。2020年に新しくサービスインした楽天モバイルは、2021年10月現在まだ電波が入らないトンネルがあるので注意が必要だ。

## コラム 上野〜函館間スピードアップの歴史

東北・北海道新幹線の開業によって、上野〜函館間はどのくらい速くなったのだろう。大正末期、上野〜函館間は23時間以上かかっていた。戦後、昭和30年代に入ると特急「はつかり」が登場し、東北本線は劇的なスピードアップを果たす。その後電車化された「はつかり」は、12年間で上野〜青森間を3時間半縮め、朝上野を出れば、日付が変わる前に函館に着けるようになった。

東北新幹線が待望の上野開業を果たすと、宿に入るのにちょうどよい時間に着けるようになり、3年後の青函トンネル開業では、明るいうちに到着して観光や仕事をすることも可能になる。そして新幹線が開通した現在は、朝上野駅を出発すれば午前中に函館に立てるようになった。96年間で、上野〜函館間の所要時間は約5分の1に短縮されたのである。

**1925（大正14）年　23時間15分**

上野 22:00…急行801…青森 15:15 16:45…青函1便…函館 21:15

**1958（昭和33）年　16時間50分　—特別急行列車登場—**

上野 12:20…はつかり…青森 0:20 0:40…青函11便…函館 5:10

**1968（昭和43）年　12時間45分　—東北本線全線電化—**

上野 10:15…はつかり1号…青森 18:47 19:10…青函27便…函館 23:00

**1985（昭和60）年　10時間40分　—東北新幹線上野開業—**

上野 8:40…やまびこ1号…盛岡 11:25 11:36…はつかり7号…青森 14:02 14:50…青函5便…函館 18:45

**1988（昭和63）年　6時間59分　—青函トンネル開業—**

上野 7:52…やまびこ1号…盛岡 10:24 10:32…はつかり5号…函館 14:51

**2021（令和3）年　4時間46分　—北海道新幹線開業後—**

上野 6:38…はやぶさ1号…新函館北斗 10:53 11:07…はこだてライナー…函館 11:24

※各時代の最短所要時間ではありません

# 第3章

# 沿線の不思議

車窓に見えるあれは何？　これは何？
いつも気になっていたアレコレと、
沿線の歴史を踏まえたアレコレ。

# 治水のために作られた戸田漕艇場

下り列車で荒川を渡ると、E席側に長方形の細長い水域が見える。日本のボート競技の中心地、戸田漕艇場《そうていじょう》だ。全長約２・４キロ、最大幅１０７・５メートルで、東側は漕艇場（ボート競技場）として、西側は戸田競艇場（ボートレース場）として使われている。

戸田漕艇場が建設されたのは、１９３７（昭和12）年のことだ。前年に、１９４０（昭和15）年の東京オリンピック開催が決まり、漕艇競技会場として整備されたものだが、同時に荒川の治水政策という面もあった。

古来、荒川の流域は水害が多い地域だった。荒川の氾濫も多かったが、豪雨時に低地に流れた水が排水されず残ってしまう湛水《たんすい》現象が大きな問題だった。荒川の氾濫は堤防さえ築けば防げたが、湛水は排水しない限り被害がいつまでも続く。そこで、大雨が降ったときに一時的に水を貯めておき、荒川の水位が下がったところで一度に排水する貯水池の建設が計画された。同じ頃、１９４０年「第12回オリンピック東京大会」の開催が決定。戸田貯水池は漕艇競技会場に決まり、「戸田オリンピック・コース」として起工した。建設は突貫工事で進められ、浦和刑務所の受刑者も作業員として動員されたという。

漕艇競技の様子を観察できる戸田漕艇場。きれいな長方形だが漕艇場としてはかなり狭い施設だという　上野〜大宮

東京オリンピックは、日中戦争の激化によって１９３８（昭和13）年に開催権返上が決まった。しかし戸田オリンピック・コースは治水対策でもあったために建設が続行され、１９４０（昭和15）年10月に竣工した。

戦後は、１９５４（昭和29）年に戸田競艇場がオープンして公営ボート競技（戸田ボートレース）が始まった。そして１９６４（昭和39）年の「第15回オリンピック東京大会」の開催が決定すると、戸田は再びボート競技の会場候補となる。一時は神奈川県の相模湖での開催が有力視されたが、幅員を90メートルに拡張する工事が実施され、カヌー競技を除き戸田漕艇場での開催が決まった。現在は隣接して戸田公園が整備され、地域住民の憩いの水場となっている。

# 首都圏有数の物流拠点だった さいたまスーパーアリーナ

大宮駅に到着する直前、A席側に現れる、巨大なアリーナ施設の横を通過する。最大収容人数３万６５００人の、さいたまスーパーアリーナだ。

さいたまスーパーアリーナは、２０００（平成12）年にオープンしたさいたま新都心にある。当時の浦和・大宮市が、首都機能を補完する「業務核都市」に指定されたことを受け、１９８４（昭和59）年に貨物駅としての機能を停止した国鉄大宮操駅、通称大宮操車場の敷地を再開発した。

大宮操車場は、１９２７（昭和2）年に、大宮駅の付属施設として開業した貨物駅だ。東北・上信越方面と首都圏とを結ぶ物流の拠点で、最盛期には1日に５３００両もの貨車を取り扱った。東北新幹線が計画された時は、この敷地内に南埼玉トンネル（24ページ）の出口が設けられることになっていた。

操車場とは、貨車を目的地別に仕訳して貨物列車を再編成する貨物駅のことだ。各地から到着した貨車は、「ハンプ」と呼ばれる人工の丘に押し上げられ、緩やかな下り勾配を重力で滑り降りる。線路の先には多数の分岐器（ポイント）があり、扇状に並ぶ目的地別

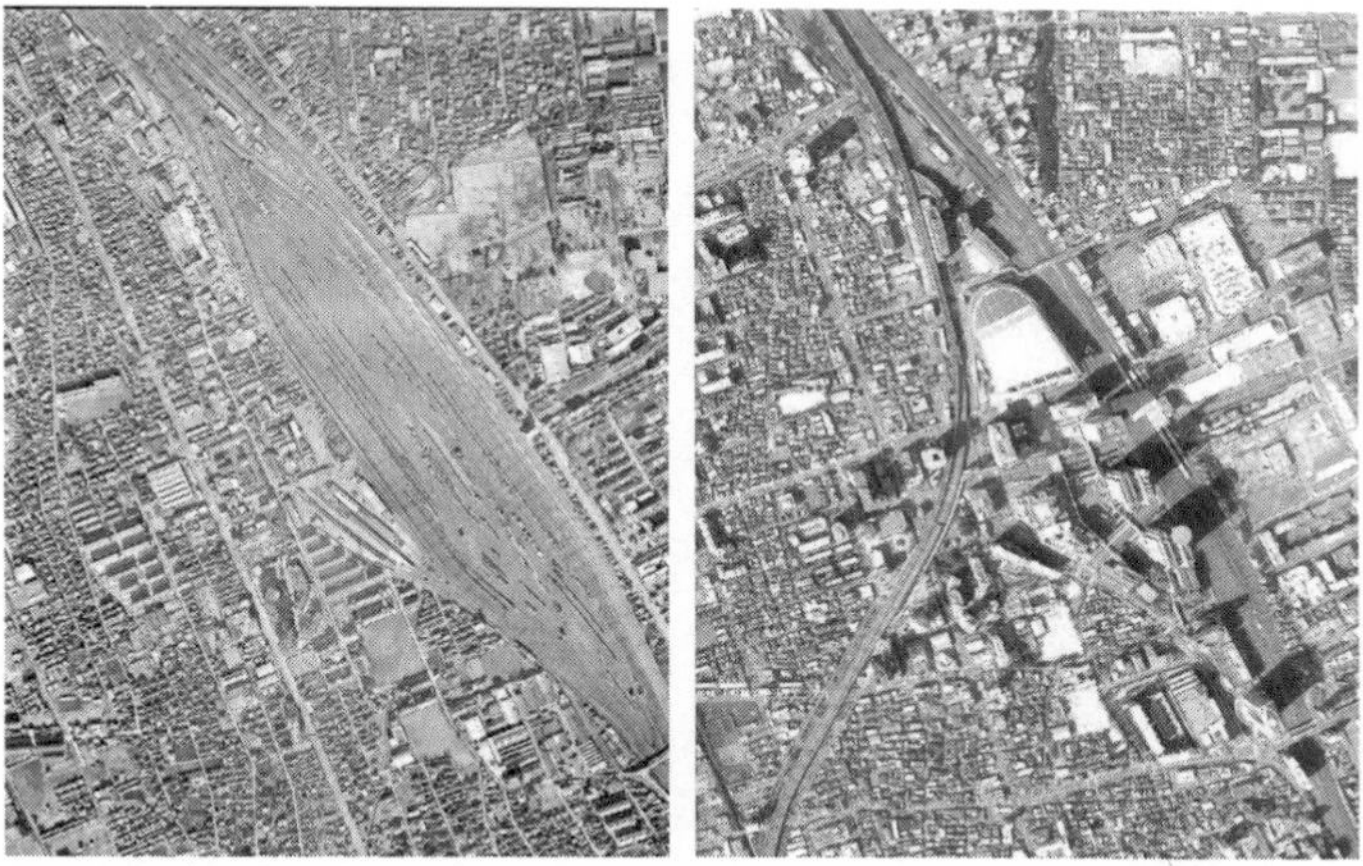

国鉄貨物がまだまだ元気だった1975(昭和50)年1月の大宮操車場(左)と、すっかり姿を変えた2019(令和元)年10月のさいたまスーパーアリーナ周辺

の「仕訳線《しわけせん》」に誘導されて仕訳され、同じ目的地の貨車が集まると貨物列車として出発する。各地から集まる貨物を効率よく仕訳できる仕組みだったが、出発までの時間が読めず、ドアツードアのトラック輸送に対抗できなかった。そこで国鉄は、トラックに積み替えられるコンテナを使用して拠点間を直接結ぶ拠点間輸送方式に転換し、操車場方式は1984年に廃止された。

貨物駅としての機能を失った大宮操車場だったが、新都心建設中の1997(平成9)年から翌年にかけては、発生した残土を熊谷貨物ターミナルへ運ぶ残土輸送列車が約2年間にわたって運行された。敷地は小さくなったが、現在も貨物列車の運転士交代や機関車付け替えなどを行う拠点として現役だ。

# 「鉄道のまち・大宮」は、鉄道の父・井上勝が生んだ

大宮駅を発車すると、高架線の左右にJR東日本大宮総合車両センター、通称大宮工場とJR貨物大宮車両所の建屋が並ぶ。大宮工場は、１８９４（明治27）年に東北本線や高崎線を建設した日本鉄道が開設した工場で、大宮を「鉄道のまち」に育て上げた。

大宮は、江戸時代まで中山道の宿場町として栄えた。明治維新後いったんは大宮県が置かれたが、すぐに浦和県と改称され、大宮は衰退してしまった。１８８３（明治16）年に日本鉄道が第一区線として上野～熊谷間を開業した時も、大宮に駅は設置されなかった。

第一区線は、翌年前橋まで全通し、赤羽～品川間の開業も目処がついて、生糸の産地である上州から横浜港への輸送ルートが確保されることになった。続いて日本鉄道は白河・青森方面への第二区線の建設に着手したが、ここで議論になったのが、第二区線をどこで分岐させるかということだった。有力視されたのが、熊谷で分岐し館林、足利、佐野、栃木を経由して宇都宮に至るルートだ。熊谷はすでに都市化が進んでおり、機業が発達した両毛地方が鉄道の輸送力を必要としていたからだ。だが、鉄道局長で日本の鉄道の父ともいわれる井上勝は大宮での分岐を主張した。宇都宮までの新設区間は熊谷分岐の方が短か

現代の大宮のシンボルともなっている鉄道博物館。これは上越新幹線上り列車から撮影したもの

ったが、橋梁が多く必要で、工期・建設費とも大宮分岐よりも不利だった。何より井上は「青森に至る国家の幹線鉄道が、両毛という特定地域の利害にとらわれてはいけない」と考えていた。

こうして第二区線は大宮分岐と決まり、1885（明治18）年3月に大宮駅が開業。翌年までに大宮〜黒磯間が開業した。二つの路線が共用する上野〜大宮間の輸送量は激増し、1892（明治25）年に複線化する。1894（明治27）年12月には大宮工場が開設された。最初に整備場を置いた上野駅はすぐに手狭になり、二つの路線の分岐点である大宮が整備拠点として最適とされたのだ。

「鉄道のまち・大宮」は、井上勝の幹線鉄道への思いから生まれたのである。

# 関東平野はなぜ広い？その秘密は海底にあり

関東平野は広い。北は那須岳、赤城山、南は丹沢まで、総面積は約１万７０００平方キロに及び、日本の国土の約５％を占める。

関東平野の広さは、東北新幹線に乗車するとよく分かる。那須塩原～新白河間の那須トンネル入口を関東平野の北端とすれば、東京駅からの距離は約１６５キロ。東京～新青森間を２時間58分で結ぶ「はやぶさ」はここまで55分前後を要し、距離にして４分の１、時間では３分の１を関東平野が占めることになる。

なぜ、関東平野はこれほどまでに広いのだろうか。それは、地震の原因にもなる海洋プレートと大陸プレートの動きが関係している。

海洋プレートである太平洋プレートは、日本東方の海溝で日本列島を含む大陸プレートの下へ潜り込もうと動いている。だが、海洋プレートの表層部は大陸プレートの下へ入ることができず、縁に引っかかって積み上がり、山を作る。房総半島の丘陵地はこの現象によってできた地形だ。この山は陸側から海溝へ流れ込もうとする土砂をせき止め、内側に平地を作る。そしてこの平地が、地球の奥へ沈もうとする海洋プレートに引っ張られて少

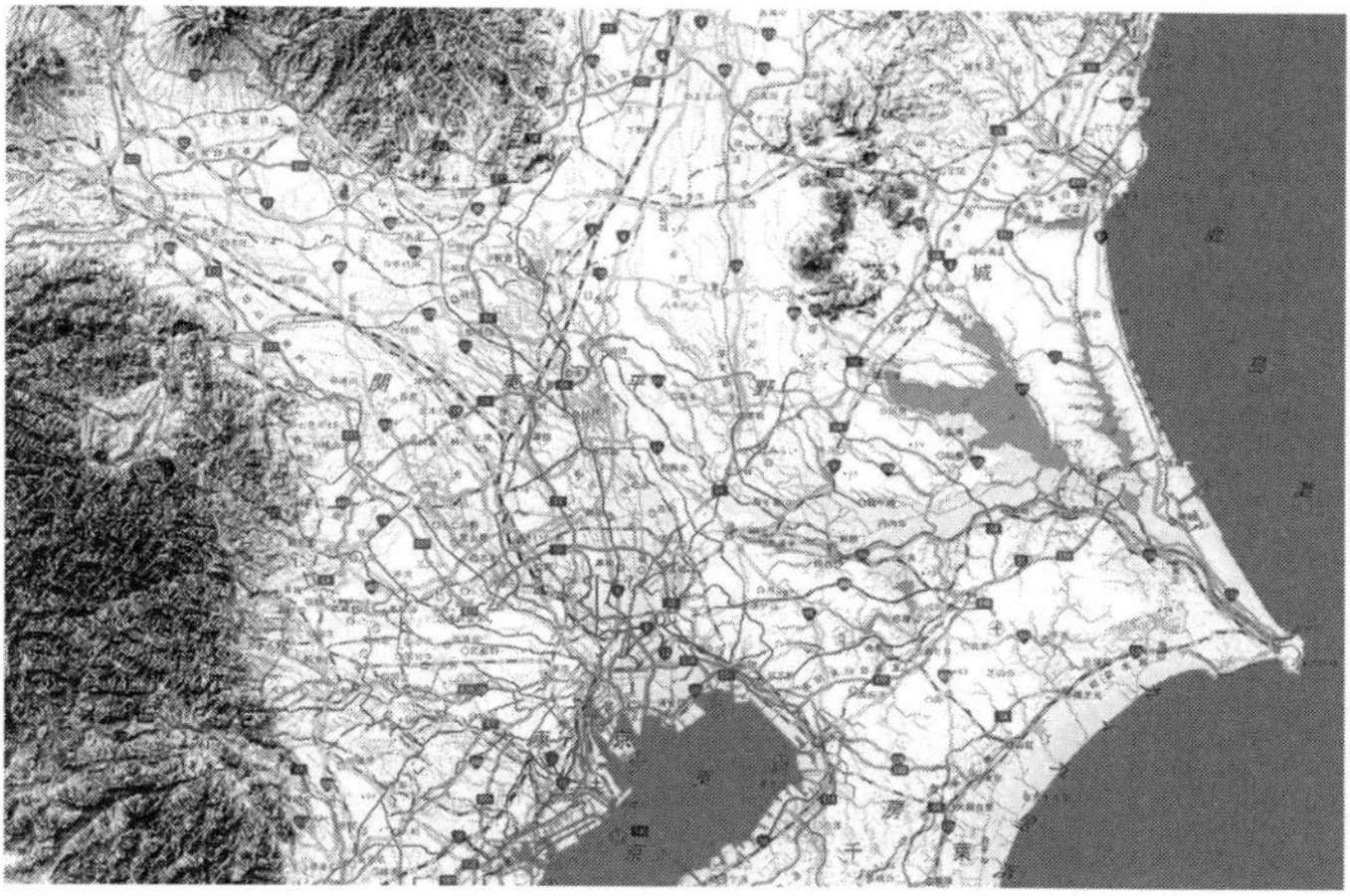
大きな河川から流れてきた土砂が堆積して生まれた関東平野

しずつ凹み、広大な盆地となる。

こうした盆地は、普通は海底にできる地形だ。ところが数百万年前から現在の伊豆半島を伴ったフィリピン海プレートが日本列島に激突し続け、やがて伊豆半島は本州と陸続きになった。これによってフィリピン海プレートと大陸プレートの境界は海の中ではなく内陸側にくい込む形になる。盆地も海底ではなく陸上に形成された。そこへ利根川、荒川、多摩川といった大きな河川によって土砂が運ばれ、長い年月をかけて堆積し、関東平野ができたのである。

東北新幹線の列車は、埼玉・栃木の関東平野を颯爽と走る。この地形を作ったのが、はるか海底のプレートの動きだとは、なんともスケールの大きな話だ。

# 東北新幹線は山岳展望新幹線！おすすめの山の眺望はここ

東北新幹線の車窓の魅力は、山にある。沿線には奥羽山脈や阿武隈高地、北上高地といった山地が連なり、新函館北斗駅までの約4時間で日本百名山のうち10座以上を見ることができるからだ。特にE席側、つまり下り列車に乗って左側の車窓からは、数多くの山を楽しめる。

東北新幹線から山がよく見えるのは、関東平野から郡山盆地、福島盆地、仙台平野、そして北上盆地といった、山地に挟まれた平地を縫うように走るルートのおかげだ。多くの区間で高さ10メートル以上の高架線を通り、展望台から山を眺めるような視点が続く。

冬の空気が澄んだ晴れの日であれば、上野駅を発車して荒川を渡ったあたりから富士山が見えてくる。大宮～小山間の田園地帯では、E席側後方に意外なほど大きな富士山が見える。振り返る形になるので上り列車の方が見やすく、夕暮れ時、赤く染まった空に浮かび上がる富士山のシルエットが美しい。

利根川付近で茨城県の西端を通るあたりから、A席側に標高877メートルの筑波山が見える。「西の富士、東の筑波」ともいわれる二つの秀峰をほぼ同時に見られる区間だ。

冬の夕暮れ時の富士山（大宮～小山）

美しい姿を見せる日光連山。左から男体山、大真名子山、女峰山（宇都宮～那須塩原）

盛岡駅の前後でよく見える岩手山。盛岡を発車するとまもなくトンネルに入ってしまう（盛岡～いわて沼宮内）

冬はもちろん春や秋も美しい八甲田山（七戸十和田～新青森間）

このあたりの筑波山は西側の男体山《なんたいさん》だけが見えるが、小山～宇都宮間では男体山と女体山《にょたいさん》の山頂が並ぶ双耳峰《そうじほう》の姿を見られる。

この先の白石蔵王までは、車窓左側に有名な山が次々と現れる。宇都宮付近から那須塩原の手前までよく見えるのが、日光連山だ。左から男体山、大真名子山《おおまなごさん》、女峰山《にょほうさん》と2400メートル級の山が堂々とした姿を見せる。

鬼怒川を渡ると、高原山が見えてくる。塩原火山と釈迦ヶ岳火山による複合火山で、新幹線から見えるのは釈迦ヶ岳火山だ。左手になだらかな山裾があるかと思うと、頂上付近は複雑な形の山が連なり、この地域の活発な火山活動がうかがえる。那須塩原を過ぎると、今度は那須岳。中央の最も高い山が、今も活発に火山活動を行っている茶臼山だ。

新白河からはしばらくトンネルが続き、郡山を発車すると左前方に福島県を代表する安達《あだ》太良山《たらやま》、福島駅が近づくと吾妻《あづま》山が見える。吾妻山はすり鉢状の吾妻小富士が見え、東北新幹線から見る山の中では最も火山らしい姿が楽しめる。

白石蔵王付近で蔵王山を眺めたら、列車は仙台平野に入る。再び山と出会うのは、仙台駅を発車して市街地を出たあたり。左正面に山形県との分水嶺にある船形山が見える。くりこま高原駅付近では栗駒山、水沢江刺では焼石岳と続き、盛岡駅が近づくと東北を代表する標高2038メートルの岩手山が左前方から近づく。北上盆地の北端にそびえる円錐状の成層火山で、その美しい姿は「南部片富士」とも呼ばれる。一方、有名な見どころの少ないA席側だが、福島付近の阿武隈高地や北上付近の北上山地は美しい。

盛岡駅からはトンネルが増えるため、しばらく山は見えなくなってしまうが、新青森が近づくとA席側後方に八甲田山が姿を見せる。下り列車からは見づらいので、北海道新幹線の上り列車から眺めるとよい。

北海道に渡り、新函館北斗が近づくと、A席側に函館山がよく見える。北海道新幹線はA席側の方が景色がよいが、実はE席側から北海道駒ヶ岳が見えることはあまり知られていない。建設中の新函館北斗〜札幌間は長万部までほぼトンネルで抜けてしまうので、全通後も北海道駒ヶ岳が見えるのはここだけ。やはり山を見るなら、E席がおすすめだ。

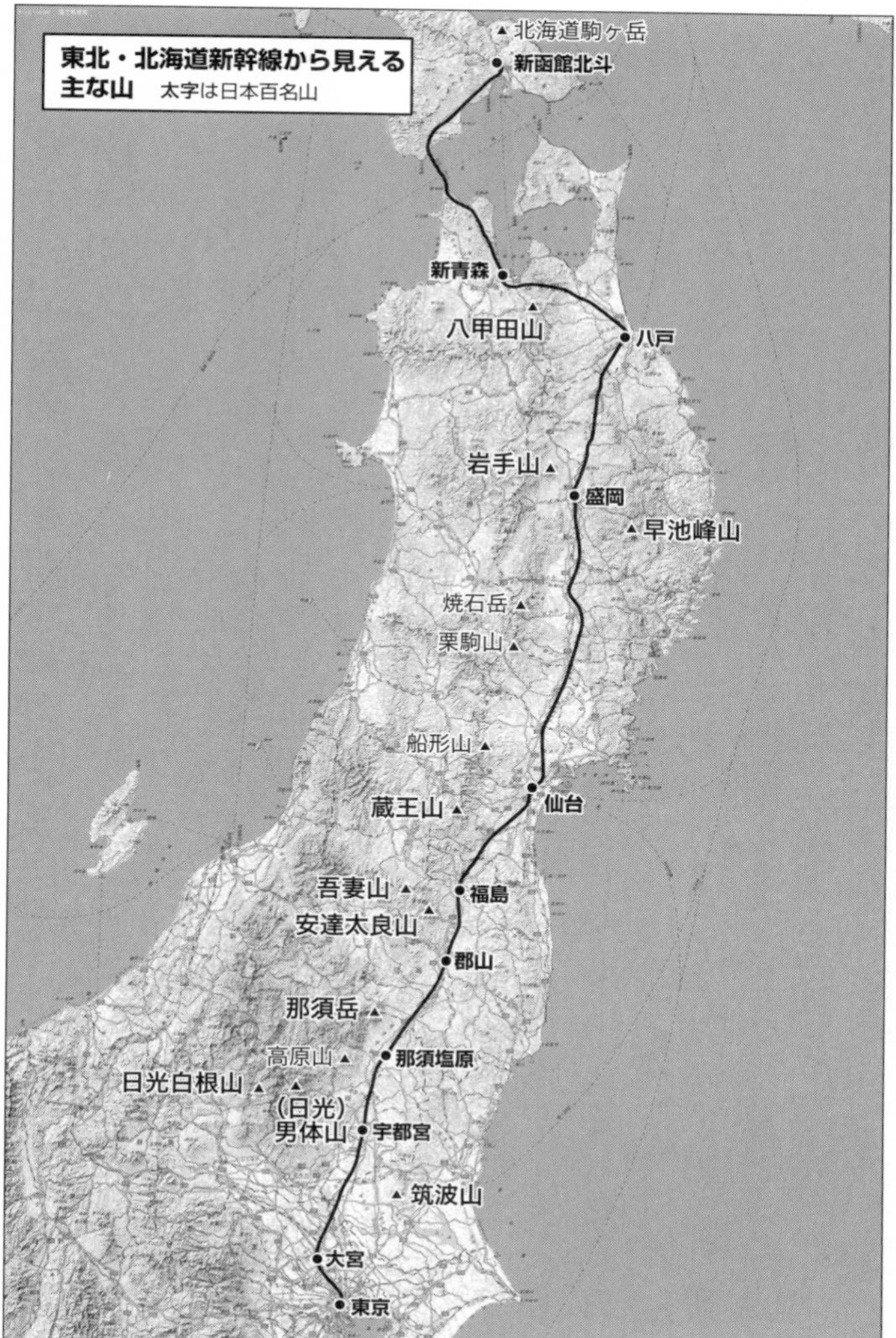
東北・北海道新幹線から見える
主な山　太字は日本百名山
北海道駒ヶ岳
新函館北斗
新青森
八甲田山
八戸
岩手山
盛岡
早池峰山
焼石岳
栗駒山
船形山
仙台
蔵王山
吾妻山
福島
安達太良山
郡山
那須岳
高原山
那須塩原
日光白根山
(日光)
男体山
宇都宮
筑波山
大宮
東京

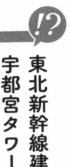

# 東北新幹線建設がきっかけで生まれた宇都宮タワー

宇都宮駅を出てすぐ、E席側に見える丘の上に展望台を備えた小高い鉄塔が見える。八幡山公園にある八幡山展望塔、通称「宇都宮タワー」だ。地上デジタルテレビ放送の電波を送信する電波塔で、竣工は１９８０（昭和55）年。鉄塔の高さは89メートルで、地上30メートルの位置に展望台がある。タワーは標高１５８・６メートルの山頂にあり、宇都宮市街から40メートルほど高いところにあるので、70～80メートルの高さから周囲を眺められる。それほど高くはないが、関東平野の真っ只中にあり、北西方向には男体山をはじめとする日光連山がそびえているので、特に秋から春にかけての空気が乾燥する時期は抜群の眺望を楽しめる。

宇都宮タワー誕生の陰には、実は東北新幹線の存在があった。それまでの宇都宮は、遮へい物の少ない関東平野ということもあって、ちょうど１００キロ離れた東京タワーからテレビの電波を直接受信していた。市街地にビルが増えるに従い、電波の受信状況が悪い難視地域も徐々に増えていったが、そこへ持ち上がったのが、東北新幹線の建設だった。

鉄道の高架線は、高さこそ10～20メートル程度ながら、水平方向に延々と続くため、周

宇都宮市のひときわ高い位置にある宇都宮タワー。展望台から新幹線もよく見える　宇都宮〜那須塩原

辺の広い範囲に電波の受信障害をもたらす。

さらに金属体である車両が高速で通過すると、短時間に電波状況が大きく変わり、電波の受信強度が激しく乱れる「フラッター障害」が発生する。フラッター障害は、瞬間的なノイズや画像の乱れを引き起こし、単純な障害物よりもやっかいな障害だった。

そこで、建設されたのが宇都宮タワーだ。市中心部に位置し周囲に遮へい物のない高台ということで八幡山が選定され、元々公園だったことや法律上の制限から、展望台が設けられて公園施設の一部となった。総事業費は3億6000万円。このうち5600万円は、電波障害補償費として国鉄が負担した。宇都宮のシンボルとして定着した宇都宮タワーは、新幹線公害の産物だったのだ。

## !? 令和の世に開業する次世代路面電車 宇都宮ライトレールとは

宇都宮に、新しい路面電車が登場する。２０２３年春開業予定の宇都宮ライトレールは、宇都宮駅東口と芳賀《はが》・高根沢工業団地を結ぶ、全長14・6キロの軌道線、つまり路面電車だ。それまで路面電車がなかった町に新しく路線が開業するのは、１９４８（昭和23）年の富山地方鉄道伏木線（現・万葉線高岡軌道線）以来75年ぶりとなる。

今の時代に、どうして新しく路面電車を作るのか。それは、宇都宮市の東に大規模な工業団地があるからだ。宇都宮市東部と隣の芳賀町には、キヤノンやカルビー、本田技研工業といった有力企業が集まる工業団地や文教施設がある。ところが、その手前には鬼怒川があり、幹線道路が限られるために慢性的な交通渋滞が社会問題になっていた。

また、市民生活も少子高齢化が進み、自家用車ではなく公共交通で自由に移動できる環境作りが求められていた。バス専用レーンを整備する案もあったが、定時運行率ではレールの上を走る鉄道には敵わない。いつも少しずつ遅れる交通機関は信頼されず、徐々に利用者が減ってしまうジレンマがあった。

そこで、自動車交通が特に多い東西方向に完全バリアフリーの次世代路面電車を走らせ

先行して建設された車両基地で試験走行を行う宇都宮ライトレール

て自動車交通量を減らし、接続するバスを充実させることで、市民が自由に移動できるシステムを作ることになった。車両は身体が不自由な人でも介助なしに乗降できる超低床車。すべての乗降扉にICカード乗車券のリーダーが設置され、小銭をやり取りする手間を省いて定時運行をしやすくしている。

こうしたシステムをLRT（ライトレールトランジット）といい、各地の路面電車に導入されているが、全くゼロから路線を建設するのは日本では宇都宮ライトレールが初めてだ。町を活性化させるシステムとして注目されており、将来は繁華街がある西口への延伸も構想されている。一方で建設費が当初予定の1・5倍に増えており、採算性を危ぶむ声もある。宇都宮市の挑戦が注目されている。

# 仙台市民が「帰ってきた」と感じる3本のテレビ塔

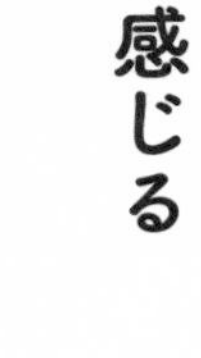

下り列車で仙台駅が近づくと、Ｅ席側の小高い山と、頂上に立つ３本の鉄塔が見えてくる。あの山は、標高１２０メートルの大年寺山《だいねんじやま》。仙台藩四代藩主で、伊達政宗の曾孫にあたる伊達綱村が、この地に大年寺を開いたことから名付けられた。

山上に並ぶ三つの鉄塔は、いずれもテレビ塔だ。新幹線は大年寺山の東をぐるりと回り込むので、３本の鉄塔の位置関係は次々と変わる。一番南にある、赤と白の鉄塔は仙台放送（フジテレビ系列）とエフエム仙台の送信塔で、高さは１４７・７メートル。２０１２（平成24）年には東日本大震災の鎮魂と復興を祈念するリニューアルを実施し、ライトアップの照明をすべてＬＥＤに交換し「仙台スカイキャンドル」の愛称が与えられた。鉄塔を燭台、先端の赤いアンテナを灯火に見立て、さまざまなライトアップを行っている。

仙台スカイキャンドルの隣に立つグレーのタワーは、ＮＨＫ仙台放送局・東北放送（ＴＢＳ系列）・東日本放送（テレビ朝日系列）の共同テレビ塔で、高さは３本で最も高い１５０メートル。愛称はなく、ライトアップも行っていないというあたりがＮＨＫらしい。

そしていちばん北側、先端が赤い塔はミヤギテレビ（日本テレビ系列）の電波塔で、通称

右から仙台スカイキャンドル、共同テレビ塔、ミヤテレタワー。車窓からは3本のタワーの位置が次々と変わる　白石蔵王〜仙台

「ミヤテレタワー」。全高138メートルで、仙台スカイキャンドルに続き2014（平成26）年からLEDライトによるライトアップのリニューアルを行っている。翌日の仙台市の天気予報に合わせて色が変わるのがユニークで、予報が晴れならオレンジ、曇りなら白、雨や雪なら緑。毎正時（00分）には、2分間にわたり季節をイメージした特別な色と動きが表現される。

これら三つの鉄塔は、新幹線からもよく見え町のシンボルになっているとして、2007（平成19）年に第10回仙台市都市景観賞の都市景観大賞を受賞した。いずれも展望台などの施設はないが、仙台市民は新幹線の車内から3本のタワーを見ると、「仙台に帰ってきた」と実感するそうだ。

# 宮城の高級米・ササニシキは今どこへ？

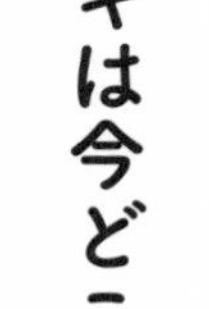

仙台からくりこま高原にかけて、東北新幹線は一面の田園地帯を北上する。かつて、宮城県の米は「ササニシキ」が有名だった。高級米といえば「ササニシキ」か「コシヒカリ」だったが、今ではササニシキの名前を聞くことは少ない。車窓風景に広がる稲穂も、多くはコシヒカリを改良した「ひとめぼれ」だ。

ササニシキは、どうして聞かなくなってしまったのか。それは、寒さに弱かったからだ。ササニシキの育種（研究）が始まったのは、１９５３（昭和28）年のこと。当時は食糧難の時代で、味や品質よりもたくさん獲れて病気などに強い品種が求められた。そこで、宮城県古川農業試験場で収量性は高いが病気に弱い「ササシグレ」を改良する実験が行われ、「ハツニシキ」との交配が好成績を収めた。新しい米は、二つの親種の名前をとって「ササニシキ」と名づけられ、１９６３（昭和38）年から一般農家での作付けが始まった。

たくさん収穫できることを主目的に開発された「ササニシキ」だったが、味もよかった。コシヒカリのようなモチモチ感はないものの、さらりとした食感で、淡泊な日本料理や冷たいおかずに合うと評判になったのだ。作付面積は飛躍的に伸び、１９９０（平成２）年

ササニシキを生んだ古川農業試験場は1999(平成11)年に郊外に移転した

古川駅前には女性と子どもがなぜか裸でササニシキを掲げる「ササニシキ顕彰碑」がある

には全国2位のブランドとなった。

ところが、1980年代に入ると、寒さに弱いという弱点が明らかになる。1993（平成5）年、「平成の米騒動」ともいわれた全国的な大冷害が発生すると、宮城県の稲作は作況指数37（平年の37％の収穫量）という壊滅的な打撃を受けた。これにより、冷害に強いコシヒカリを親とする「ひとめぼれ」への転換が急速に進み、今ではササニシキの作付面積は宮城県の稲作の1％以下にまで低下してしまった。

すっかり稀少品種となったササニシキだが、石巻市などでは今でも栽培されている。ササニシキとひとめぼれを交配させた「ささ結《むすび》」のような新品種も登場し、再びそのあっさりした味わいが見直されている。

# 沿線にある二つの「遺跡」がたどった道
# 世界文化遺産と太陽光発電施設

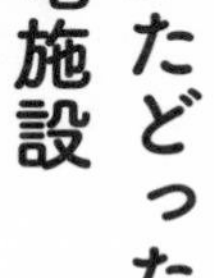

東北新幹線の沿線には、数え切れないほどの遺跡がある。新幹線の建設中に遺跡が出土することもあれば、事前にルートが変更されることもある。

代表的な例が、新青森駅近くの三内丸山遺跡だ。縄文時代中期の大規模集落の遺跡で、大型建物跡や竪穴式住居跡、土器、石器などが多数出土し、２０２１（令和3）年には「北海道・北東北の縄文遺跡群」として世界文化遺産に登録された。遺跡の存在は古くから知られていたが、本格的に発掘・調査されたのは１９９０年代に入ってからだ。その結果、東北新幹線は新青森駅手前のルートが遺跡を避けるよう変更された。

世界文化遺産に登録された遺跡がある一方で、存在自体を抹消された遺跡もある。２０００（平成12）年に発覚した「旧石器捏造事件」によって遺跡登録を抹消された「遺跡」で、その数は宮城県内だけで１２９カ所に及ぶ。

旧石器捏造事件は、宮城県の旧石器研究グループに所属していたアマチュア研究家Ｆ氏が、石器をあらかじめ発掘現場に埋めておき、掘り出してみせる捏造を20年以上繰り返していた事件だ。Ｆ氏は、期待される地層から期待される石器を次々と「発見」して見せ、

新幹線の車窓から三内丸山遺跡の「あおもり北彩館」の建物が見える

遺跡の認定を取り消された上高森遺跡は道路標識からも消された

上高森遺跡とされた場所は現在太陽光発電施設になり立入禁止

一時は「神の手」ともてはやされた。

日本の考古学会を揺るがした大事件のきっかけとなったのが、くりこま高原駅から10キロの位置にある「上高森遺跡」だ。1999（平成11）年11月に日本最古の遺跡が「発見」され、当時の築館町（現・栗原市）は「遺跡・原人ブーム」に沸いた。だが、翌2000（平成12）年11月に捏造の瞬間を映像に捉えた毎日新聞のスクープで捏造が発覚し、遺跡の存在自体が否定されてしまう。60万年前に日本に原人が住んでいたとする説は取り消され、歴史の教科書もすべて書き換えられた。

三内丸山遺跡は、誰もが遺跡に触れ、学べる公園になり新幹線からもちらりと見えるが、上高森遺跡は太陽光発電施設となって遺跡の面影はどこにもない。

# 廃止から十数年を経て今も生きている「くりはら田園鉄道」

くりこま高原駅を過ぎて一ノ関に向かう途中、迫川《はさまがわ》を渡った直後に東北新幹線は地図にない線路をまたぐ。

これは、２００７（平成19）年３月限りで廃止された、くりはら田園鉄道の廃線跡だ。１９２１（大正10）年に石越〜沢辺間で開業した軽便鉄道の栗原軌道をルーツとし、細倉鉱山の鉱石輸送で栄えた。戦後、国鉄と同じ狭軌への改軌と電化を実施して栗原電鉄となり、「くりでん」と呼ばれて親しまれたが、１９８７（昭和62）年に細倉鉱山が閉山すると苦境に陥り第３セクター化。１９９５（平成７）年には電気設備を廃止してくりはら田園鉄道となった。全線廃止からすでに十数年が経過するが、ほぼ全線で線路が残っており、今にも列車が走ってきそうな景色が残っている。

線路施設が残っているくりでんは、保存・伝承活動が活発だ。廃止３年後の２０１０（平成22）年に、くりでんのＯＢとファンが集まり「くりでん保存愛好会」を結成。一方、地元の栗原市も、廃止翌年から保存の在り方を検討する有識者会議を発足させ、保存・伝承の検討を進めた。くりでんと細倉鉱山は地域の歴史そのものであることに加え、２００

現役の鉄道を思わせる姿で保存されているくりはら田園鉄道公園

5（平成17）年に旧栗原郡10町村が合併し栗原市にまとまっていたことも、迅速な保存につながった。本社と車両基地があった旧若柳駅の施設と約500メートルの線路が「くりはら田園鉄道公園」として整備され、恒久的な保存が実現したのである。毎年春から秋にかけて動態保存している車両の乗車会や運転体験会などを実施しており、2017（平成29）年には、車両や資料を展示する「くりでんミュージアム」もオープンした。

鉄道は、廃止された後も地域の歴史と文化を伝える媒体だ。お年寄りの昔話には興味をもたない子供たちも、電車の話なら喜んで耳を傾け、町の歴史に興味をもつ。くりでんは、鉄道の役割が「輸送」だけではないことを教えてくれる。

# どうして北東北には「戸」のつく地名が多いのか

「二戸」「八戸」「七戸十和田」と、東北新幹線盛岡〜新青森間には「数字＋戸」を用いた駅名が多い。自治体の名前としては、さらにバラエティに富んでおり、「一戸町」「二戸市」「三戸町」「五戸町」「六戸町」「七戸町」「八戸市」「九戸村」と、８種類も揃っている。ただし、「四戸」だけはない。読み方はすべて「〜のへ」だ。

なぜ、北東北には「数字＋戸」という地名が多いのか。その理由は、平安時代末期から鎌倉時代初期、つまり今から８００年ほど前にさかのぼる。東北地方で権勢を振るった奥州藤原氏が滅び、奥州が源頼朝の支配下に入った頃、現在の青森県東部から岩手県北部にかけて、糠部《ぬかのぶ》郡が置かれた。糠部郡は全国でも最大規模の郡域で、郡内を九つの地域に分ける「九カ部四門の制」が敷かれる。各地域は「一戸」から「九戸」までの地名が与えられ、各「戸」ごとに複数の村を所属させたのである。「数字＋戸」という地名は、８００年前の「九カ部四門の制」が今も生きているというわけだ。

では、「戸」とはどういう意味だろう。これには諸説ある。単純に「〜地区」程度の意味で用いられたという説がある一方、「牧場の木戸（出入口）」を表すという説もある。糠

三つの新幹線駅をはじめ、多くの「戸」が駅名になっている。五戸駅は南部鉄道の終着駅だったが現在は廃止。六戸駅だけは存在しなかった

部郡は名馬の産地で、どこの牧場産の馬かを示す「戸立《へだち》」という言葉があるからだ。源頼朝から馬の献上を受けた後白河天皇が、馬の「戸立」に関心をもったという逸話も伝わっている。この地方が馬の産地だったことは事実で、一戸町の奥中山には明治時代から軍馬の放牧地があった。東北本線奥中山駅（現・奥中山高原駅）は、もっぱら軍馬を東京方面へ輸送するために使われたという。

　平安時代から現代の新幹線の駅名にまで受け継がれてきた「九カ部四門の制」だが、「四戸」だけは現存しない。八戸市の櫛引《くしひき》八幡宮が江戸時代まで四戸八幡宮と呼ばれていたことから、八戸市西部にあったとする説と、三戸と五戸の間にある五戸町浅水地区が四戸だったとする説がある。

# 平成まで存続したのが奇跡？レールバスが走った南部縦貫鉄道

東北新幹線が全通する前、七戸十和田駅付近には、日本一壮大な名前の、日本一小さなレールバスが走っていた。それが、１９９７（平成9）年に休止し２００２（平成14）年に正式廃止となった、南部縦貫鉄道だ。

南部縦貫鉄道は、東北本線（現・青い森鉄道）野辺地駅と七戸駅を結んでいた、20・9キロの私鉄だ。「南部縦貫」という壮大な名前とは裏腹に、旧式のレールバスが往復するだけの小さな路線で、沿線開発と砂金輸送を目的に建設された。だが、開業後まもなく砂金輸送が頓挫し、わずか5年で会社更生法の適用を受けて倒産。追い打ちをかけるように十勝沖地震が発生し、全線にわたって被災した。辛うじて復旧したが、いつ廃止されてもおかしくない路線だった。それでも平成の時代まで30年以上走り続けたのは、東北新幹線の駅が七戸町に設置されることが発表されたからだ。南部縦貫鉄道は、新幹線駅への乗り入れ構想を支えに走り続けたが、ＪＲの用地を借りていた野辺地～西《にし》千曳《ちびき》間の買取をＪＲに迫られ営業を休止。そのまま復活することなく正式に廃止となった。いま、東北新幹線下り列車に乗ると、七戸十和田駅の８００メートル手前で南部縦貫鉄道の廃線跡と交差する

かわいい旧式のレールバスが今も年に数回旧七戸駅の構内を往復する

が、新幹線側からは防音壁に阻まれ廃線跡の様子は全くわからない。

だが、終着駅の旧七戸駅は、今も現役時代のまま残されている。長年南部縦貫鉄道に通っていたレールファンが、休止後もそれまでと同じように通って車両や施設の清掃を続け、心を動かされた地域の人々と共に本格的な保存活動を始めた。清掃などの受託業務を行う企業として存続した会社や地元七戸町も、最初のうちはレールバスを「負の遺産」と捉えていたが、廃止後も多くの人が訪れる様子を見て方針を転換、今では旧七戸駅が保存・公開され、毎年大型連休などにはレールバスが構内を走る動態保存イベントが行われている。

南部縦貫鉄道は、くりはら田園鉄道（126ページ）と違った形で生き続けている。

# 新青森駅が医療都市に変貌！新幹線と病院の意外な関係

新青森駅ホームの北西に、真新しい建物がある。青森市の医療を担う青森新都市病院だ。新青森駅の西側には脳神経外科の病院もあり、さながら医療都市の趣だ。

２０１７（平成29）年に開院した青森新都市病院は、函館市の函館新都市病院と同じ医療法人が運営している。この医療法人は、北海道新幹線が開業する以前の２０１３（平成25）年から、経営破たんした青森市内の病院の経営を引き受けていた。その後青森市内の別の病院も救済することになり、統合・移転先として選ばれたのが、新青森駅前だった。

新青森駅は青森市街から離れたところにあるが、新幹線の駅前という立地が有利に働いている。姉妹病院である函館新都市病院は、新函館北斗駅から車で約20分。北海道新幹線の乗車時間を含め、１時間半あまりで医療スタッフの派遣が可能だ。

また、東京駅から最速2時間58分という近さが、医療スタッフの募集に役立っている。青森出身の医療関係者のUターンを促す効果もある。そして、病院内に青森大学の研究センターを設置して、実績のある医師を客員教授として迎える体制も整えられた。新幹線の駅前にあることで、限られた医療資源を広域で活用することができるのだ。

新幹線と連携して最新の医療サービスを実現した青森新都市病院　新青森～奥津軽いまべつ

市街地から3キロ離れている立地も、病院周辺が渋滞しにくいということでもあり、救急搬送するうえでむしろ有利に働いている。

新幹線の駅前に総合病院を設置し、新幹線と連携して地域の医療体制を充実させる試みは、新青森だけでなく全国で進められている。九州新幹線新玉名駅前には、2021（令和3）年3月にくまもと県北病院が開院。新幹線などを通じて熊本市内の熊本大学病院と連携し、都市部と同等の最新医療が受けられる。

新幹線の車両は、多目的室に医療器具用に使用できる電源が装備されており、患者を乗せたストレッチャーや保育器に入れた新生児をそのまま運ぶことができる。新幹線はビジネスや観光だけでなく、人の命をつなぐ役割も果たしている。

# 現存最古のセメント工場 その壮大な生産システムとは

木古内駅から六つめの万太郎トンネルを抜けると、列車は函館平野に出る。A席側に目を向けると、田畑の向こうにいかめしい工場が見えてくる。太平洋セメント上磯《かみいそ》工場だ。まもなく、その工場から伸びる高架線をまたぐ。石灰石を産出する峩朗《がろう》鉱山から上磯工場へ続く、全長６・２キロのベルトコンベアーだ。

上磯工場は、日本で現在稼動しているセメント工場の中で、最も古い歴史をもつ生産施設だ。土方歳三が戦死した箱館戦争から3年後の１８７２（明治5）年に峩朗鉱山が発見され、渡島《おしま》王とも呼ばれた実業家の種田金十郎が１８８４（明治17）年にセメント工場を創設した。この事業はさほど成功しなかったが、種田から工場の権利を譲り受けた吉川泰次郎らが、１８９０（明治23）年に北海道セメントを設立。国内を代表するセメント工場の一つとなる。その後、浅野セメントへの合併、戦後の財閥解体による日本セメントへの転換を経て、１９９８（平成10）年に「太平洋セメント上磯工場」となった。

上磯工場の魅力は、その壮大なシステムだ。峩朗鉱山で採掘された石灰石は、ベルトコンベアーによって北海道新幹線の下をくぐり、工場へ運ばれる。工場で生産されたセメン

「工場萌え」にはたまらない太平洋セメント上磯工場。ベルトコンベアーの下を専用鉄道の廃線跡を転用した道路がくぐる　木古内〜新函館北斗

トは、今度は函館湾に伸びる全長2キロの桟橋にまたベルトコンベアーで送られ、セメントタンカーに積み込んで出荷される。工場全体の年間最大セメント生産能力は390万トンで、東日本最大の規模だ。

石灰を供給する峩朗鉱山も、東日本最大級の石灰石鉱床だ。年間約750万トンもの石灰石を採掘し、セメント原料のほかコンクリート用骨材に使われている。ベルトコンベアーが設置される前は、日本セメント上磯鉄道の貨物列車が石灰石や粘土を輸送していた。工場の拡張に伴ってベルトコンベアーが新設され、1989（平成元）年までに鉄道は廃止となる。新幹線がベルトコンベアーをまたぐ時、その下を交差している道路が上磯鉄道の線路跡だ。

# かつては津軽海峡を守る要塞だった函館山

太平洋セメント上磯工場が見えるのとほぼ同時に、函館山が見えてくる。海上に浮かぶその姿は、牛が寝そべっているように見えるといわれ、「臥牛山《がぎゅうざん》」とも呼ばれる。新幹線から見る函館山は、視界を遮るものもなく、函館湾の船舶とともに全景をじっくり観察できる。なるほど、その尾根の曲線が、牛の背中に見えるような気もする。

函館山は、約100万年前の海底火山の噴出物によってできた標高334メートルの山で、元々は函館湾の島だった。五稜郭の横を流れて函館山の東側に注ぐ亀田川や、沿岸の海流が運んだ土砂が溜まって今から約5000年前に陸続きになった陸繋島《りくけいとう》だ。函館市街中心部は、函館山と亀田半島の間に溜まった砂の上に位置している。

明治時代、ロシアの脅威が増大すると、函館山は函館港と津軽海峡を守る拠点として要塞化が進められた。一般人の立ち入りは禁止され、スケッチすることもできなかったという。1905（明治38）年に勃発した日露戦争では、実際に津軽海峡をロシアの軍艦が通過したが、函館要塞の砲台は旧式で、ロシア軍艦を阻止することはできなかった。日露戦争終結後も函館山の要塞施設は強化され、函館の東にある汐首岬や下北半島の大間崎など

晴れていれば函館山だけでなく函館港に出入りする船舶も新幹線の車窓からよく見える　木古内～新函館北斗

とともに、津軽海峡要塞が築かれた。この時、要塞への軍事物資輸送手段として建設が急がれたのが、函館から汐首岬方面へ向かう国鉄戸井線と下北半島の国鉄大間線で、一時は青函トンネルの東回りルートとしても検討されたが、いずれも実現することはなかった。

太平洋戦争終結後は要塞施設のすべてが撤去されて一般に開放、1958（昭和33）年には函館山ロープウェイが開通して、函館山は夜景で知られる観光地に生まれ変わった。

ところで函館山はA席側に見えるが、実は反対のE席側からも見える。新函館北斗駅に到着する直前、列車は大きく左にカーブするが、その過程で函館山がE席側東京寄りに移ってくるからだ。終着駅直前の、見のがせないパノラマだ。

コラム

## これからの東北・北海道新幹線

実に22mもの長さがあるALFA-X新青森方先頭車のノーズ。時速360km運転の実用化をめざす 仙台駅 写真：PIXTA

東北・北海道新幹線はまだまだ進化途上にある。現在最高速度が260km/hに抑えられている盛岡〜新青森間は320km/h運転のための工事が進められている。将来の360km/h運転をめざす試験車両、E956形「ALFA-X」も走行試験を実施中だ。

北海道新幹線新函館北斗〜札幌間211.9kmの建設工事も急ピッチで進められている。全線の79.8%にあたる169.2kmがトンネルで、2021年10月現在はそのうち約78kmまで掘削が完了。2030年度の全線開業を予定している。新函館北斗〜札幌間の最高速度は当面260km/hで、開業時の東京〜札幌間の所要時間は5時間1分程度だ。もっとも、それでは航空機に対抗できない。そこで、将来は全線で320〜360km/hにスピードアップし、東京〜札幌間４時間30分を実現する構想もある。

第4章

# 各駅の秘密

東北新幹線と北海道新幹線の全26駅に降りてみた！
街中の駅、田んぼの中の駅、山間部の駅。
そこに作られた理由と、周辺に迫る。

とうきょう
# Tōkyō

# 東京駅

東京都千代田区

## 東京駅の敷地にはかつて日本初の裁判所や監獄があった

開業 1914（大正3）年12月20日

接続路線 JR東海道新幹線・東海道本線・東北本線・総武本線・中央本線・京葉線・東京メトロ丸ノ内線

帝都・東京の玄関として設置された駅で、計画段階では「中央停車場」と呼ばれた。その構想が初めて登場したのは、1884（明治17）年11月のことだ。当時東京の鉄道は、まだ官設鉄道の新橋～横浜間と私鉄である日本鉄道の上野～熊谷間が開通したばかりだったが、東京の都市整備計画をまとめた「市区改正意見書」に、「鉄道ハ新橋

当初お雇い外国人に設計させたところ純和風の駅舎を提案され、辰野金吾の手で設計し直した東京駅赤レンガ駅舎

上野両停車場ノ線路ヲ接続セシメ鍛冶橋内及万世橋ノ北ニ停車場ヲ設置スヘキモノトス」と書かれた。この「鍛冶橋」の停車場が、後の東京駅だ。政府と日本鉄道は、ドイツから技術者を招いて市内を縦貫する高架鉄道を計画した。この高架鉄道は、ドイツ・ベルリンの市内高架鉄道にならって設計されることになったが、まもなく日清戦争が勃発して計画は中断。その後も、北清事変や日露戦争、さらにはその後の鉄道国有化政策などによって建設はたびたび遅れた。ようやく本格的な工事が始まったのは、1908（明治41）年のことである。構想段階では、初代新橋駅から銀座を通って有楽町へ向かう案もあったが、銀座に鉄道を通すのは難しい。結局外堀沿いに線路が敷かれて、皇居・和田倉門の向かいに辰野金吾設計による赤レンガ駅舎が建設された。開業は1914（大正3）年。最初の構想から実に30年もかかった、難産の中央停車場だった。

では、東京駅ができる前、この場所には何があったのだろう。中央停車場が最初に構想された明治10年代、このあたりには江戸時代の武家屋敷を利用した警視庁や裁判所、司法省、法学校といった施設があり、東北新幹線のホーム中央付近には日本初の監獄があった。明治終わりまでには、これらの施設は現在と同じ日比谷公園の隣、桜田門周辺に移転していき、その跡地が中央停車場の敷地となった。法によって国を治める近代国家・日本の歩みは、東京駅の敷地から始まったのだ。

うえの
Ueno

# お寺の跡地に作られた上野駅 JRの路線は二路線だけ?

# 上野駅

—東京都台東区—

開業 1883(明治16)年7月28日

接続路線 JR東北本線・東京メトロ銀座線・日比谷線

最初は新幹線の駅を設ける予定はなかったものの、台東区など地元の根強い誘致活動によって、東北新幹線の暫定始発駅となった上野駅（20ページ参照）。明治時代から東京の北の玄関で、東北や上信越地方から上京してきた人々が最初に到着するターミナルだ。上野駅には懐かしい東京下町の空気と、故郷のにおいが同居している。

現在の上野駅は1932(昭和7)年に完成した二代目駅舎。東北新幹線の駅舎としては東京駅に次ぐ歴史がある

そんな上野駅を最初に建設したのは、東北本線や高崎線などを建設した日本鉄道だ。同社は当初熊谷から川口、品川を経て横浜に直結させる計画だったが、武蔵野台地上にある赤羽〜新宿〜品川間の地形が険しく建設費が高額となるため、まずは東京北部にターミナルを求めた。そこで選ばれたのが、東京府が所有していた上野寛永寺の子院跡の土地だ。ここなら、武蔵野台地の崖を登る必要もなく、約3万坪の広大な土地を利用できる。日本鉄道は東京府から土地を借り受け、上野駅を建設した。

1883（明治16）年に開業した上野駅は、まず貨物・郵便物の取り扱いから開始し、翌1884（明治17）年から旅客駅となった。だが、日本鉄道の路線が高崎や宇都宮へ延伸すると、上野駅の利用者は激増。すぐに手狭になってしまった。そこで、貨物線を南へ延ばし、神田川のほとりに貨物専用の駅を設けた。これが秋葉原駅の始まりだ。

現在の上野駅には、山手線、京浜東北線、常磐線、上野東京ラインなど実にさまざまな列車が発着しているが、実は上野駅に乗り入れるJR路線は東北新幹線と東北本線の二路線だけ。山手線は正確には品川〜新宿〜田端間で、田端〜東京間は東北本線に乗り入れている。日暮里駅が本来の起点である常磐線、大宮駅が起点である高崎線なども同様だ。京浜東北線や上野東京ラインなどはそもそもさまざまな路線をまたがって走る運行系統の通称で、独立した路線としては存在しない。

おおみや
Ōmiya

# 門前町から盆栽のまちへ 多彩な文化を見せる町
# 大宮駅

——埼玉県さいたま市——

開業｜1885（明治18）年3月16日

接続路線｜JR上越新幹線・東北本線・高崎線・川越線・東武鉄道野田線・埼玉新都市交通

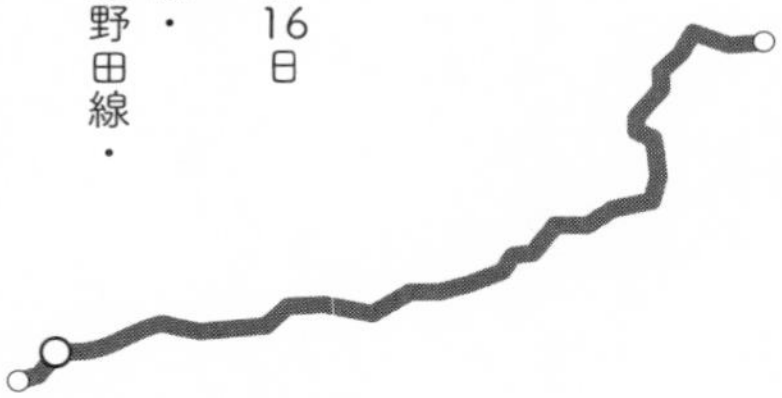

東北新幹線と上越新幹線が分岐する駅。今では、県庁所在地であるさいたま市の中心市街でもあり、埼玉県を代表する繁華街だ。川越線や東武野田線（アーバンパークライン）、埼玉新都市交通といったさまざまな路線が発着する。

「大宮」という地名は、市街東部にある武蔵一宮氷川神社に由来する。大宮公園としても知られる

東北新幹線の開業に合わせて再開発された大宮駅西口。反対側の東口は古くからの大宮の雰囲気を残している

この一帯が門前町として発展し、中山道の宿場町としても栄えた。

大宮の転機は、1923（大正12）年の関東大震災にあった。震災によって、首都圏の住宅地が山手線内から中央線や東北線など郊外に広がり、大宮にも新しい住民が増えた。1932（昭和7）年には京浜線電車が大宮まで延伸して京浜東北線となり、氷川神社の参詣客や大宮公園への行楽客も増えるなど、大宮は東京近郊の町として発展した。

その頃、大宮に生まれた新しい文化が「盆栽」だ。1925（大正14）年頃、関東大震災で被災した東京・本郷周辺の盆栽業者たちが、大宮公園の北側一帯に移住をはじめた。大宮は、関東平野の広大な土地と空気、芝川を流れる新鮮な水、そして鉄道の利便性を備えた理想の地域だった。1928（昭和3）年には「盆栽村組合」が結成されて、さらに多くの入植者を受け入れていく。入植には「盆栽を10鉢以上もつこと」「門戸を開放すること」「二階屋は建てないこと」「垣根は生け垣にすること」といった規約を設け、区画整理も行うなど独自のまちづくりを進めていく。1942（昭和17）年には「盆栽町」が正式な町名となり、集落は「大宮盆栽村」と呼ばれるようになった。

1989（平成元）年には、世界盆栽大会も開催され、さいたま市大宮盆栽美術館は大宮の盆栽文化を世界に発信する施設になっている。大宮は「鉄道のまち」であると同時に、「盆栽のまち」である。

おやま
Oyama

# 小山駅

## かつて遊園地で知られた町に常磐線タイプの電車が走っている理由

—栃木県小山市—

開業 — 1885（明治18）年7月16日

接続路線 — JR東北本線・水戸線・両毛線

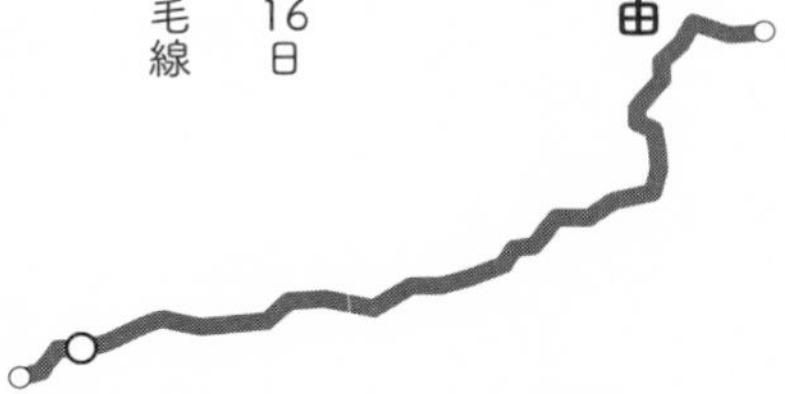

人口16万人7000人、栃木県第二の都市である小山市の玄関だ。かつては駅の北に「小山ゆうえんち」があり、週末になると県内だけでなく埼玉や東京から訪れる家族連れも多かった。1992（平成2）年に、親会社が倒産したことから慢性的な経営危機に陥り、2005（平成17）年に閉園。跡地はショッピングセンターの「おやまゆ

首都圏のベッドタウンとして発展を続ける小山駅。東口駅前には大学もあり文教地区としても注目されている

うえんハーヴェストウォーク」となり、その中心には小山ゆうえんちから引き継いだメリーゴーランドが現役だ。

小山駅は、東北本線のほかＪＲ両毛線と水戸線が発着する交通の要衝でもある。中でも水戸線は、他の路線と異なり交流電化されているのが特徴だ。水戸線だけ交流電化となっているのは、茨城県石岡市に気象庁の地磁気観測所があるためだ。地磁気観測所は、地球自身がもつ磁気を観測し、そのデータを航空機や船舶などの安全確保、地震・火山噴火の予知研究、宇宙環境の研究調査などに役立てている施設。一般的な直流電化の電車は、架線から取り込まれた電気がモーターをまわした後、レールに流れる。ところが、この電気が地磁気観測のノイズとなってしまうのだ。交流電化であれば、電気の進む方向が周期的に変わり影響を打ち消し合うので、ノイズにならない。このため観測所から半径35㎞以内は直流電化区間を設定しないことになっている。

小山駅は、この地磁気観測所からの直線距離が35・4キロ。ギリギリ「半径35キロ」の地域からはずれるが、水戸線だけは交流電化が必要だった。小山駅から約1キロの地点に直流と交流の切替地点、通称デッドセクションがある。小山駅を発着する電車のほとんどが、オレンジとグリーンのラインをまとった「湘南カラー」なのに対し、水戸線だけがブルーの「常磐線カラー」なのは、宇宙や地震を観測するためなのだ。

うつのみや
Utsunomiya

# 宇都宮駅

駅弁発祥の地とされる

栃木県宇都宮市

開業　1885（明治18）年7月16日

接続路線　JR東北本線・日光線

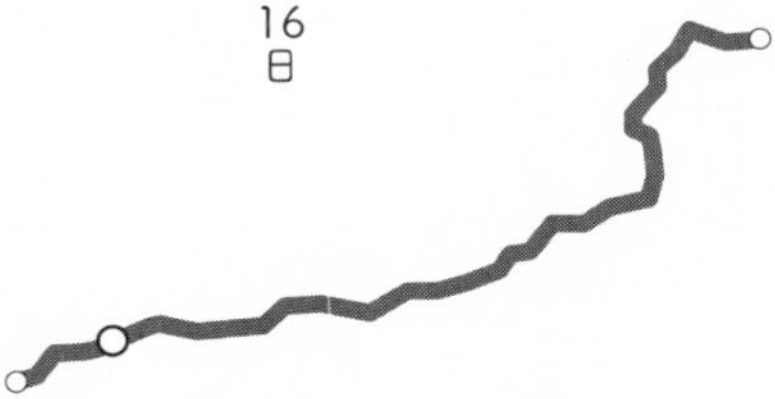

日本鉄道が、同社第二区線として大宮〜宇都宮間を開業させた時に誕生した、栃木県の県庁所在地駅だ。近年は宇都宮餃子や、次世代路面電車の宇都宮ライトレール（118ページ）などが話題だが、「駅弁発祥の地」としても知られる。1885（明治18）年7月の宇都宮駅開業と同時に、市内の老舗旅館白木屋が、梅干しを入れてごま塩を

宇都宮といえば餃子。宇都宮駅前には、餃子の皮に包まれたビーナスをモチーフとした「餃子像」が待つ

振ったおにぎり2個とたくあんを竹の皮で包み、宇都宮駅で販売した。値段は1包み5銭。かけそばが1杯1銭程度で食べられた時代だから、今の価値で1500円くらいだろうか。鉄道という最先端の施設で、老舗旅館が提供する食事ということから、かなり高級な商品だったようだ。

宇都宮駅を駅弁発祥の地とする説は、戦後定説として広まっていたが、異論も多い。有力なのは、上野駅を発祥とする説だ。日本鉄道が上野～熊谷間を開業させた1883（明治16）年、鉄道の営業規則などを記した書類の上野駅の項目に、「構内弁当料理　ふじのや」（原文は旧字）の文字がある。乗客向けに弁当を販売していたのだとしたら、こちらが先ということになるが、それ以上の資料は現存しない。

ほかにも大阪駅説、神戸駅説、熊谷駅説などがあるが、いずれも戦前期の雑誌に紹介記事が記載されている程度で信憑性はさほど高くない。

宇都宮駅では、白木屋のおにぎりが評判となって複数の業者が参入し、「駅弁のまち・宇都宮」として知られるようになった。そのうちの一つ、1893（明治26）年創業の松《まつ》廼家《のや》は今も宇都宮駅で駅弁を販売している。

では、白木屋はどうなったのか。実は、宇都宮市内で画材店として営業している。太平洋戦争末期の宇都宮空襲で旅館が全焼し、戦後、文房具店として再興したのである。

なすしおばら
Nasu-Shiobara

専用応接室もある
皇室御用達の駅

# 那須塩原駅

——栃木県那須塩原市——

開業 ―1898（明治31）年11月28日
（東那須野駅）

接続路線 ―JR東北本線

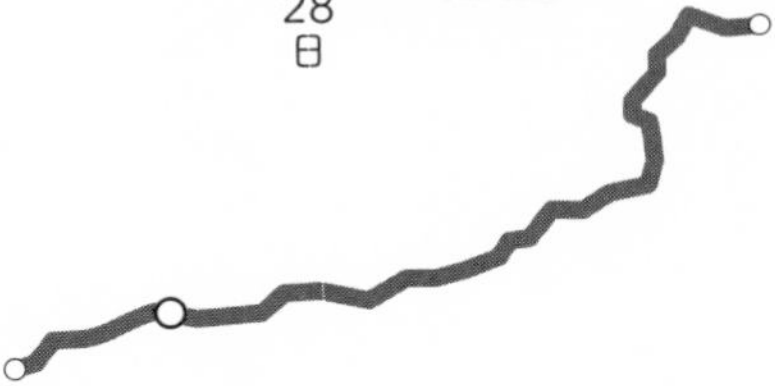

誘致と駅名をめぐって大きな騒動があった那須塩原駅（36ページ）だが、今は、かつて争った自治体が合併して那須塩原市となるなど、新幹線を中心としたまちづくりが進んでいる。

那須塩原駅には、他の新幹線駅にはない大切な役割がある。それは、天皇陛下をはじめとする皇族の方が利用される駅という役割だ。那須塩原駅

東北新幹線の駅として標準的な構造を備える那須塩原駅

皇族専用出入り口は柵の外から観察できる

の約20キロ北には、宮内庁の那須御用邸がある。皇族は那須塩原駅まで新幹線を利用し、車に乗り換えて御用邸を訪れるのが慣例になっている。那須・葉山・須崎の3カ所ある御用邸のうち、主に新幹線を利用して訪れるのは那須御用邸だけだ。駅構内には皇室専用の応接室があり、1階には専用扉もある。コロナ禍以前には、那須塩原駅で出迎えた市民と交流されるのが恒例となっており、2019年8月に今上天皇ご一家が即位後はじめて那須塩原駅に下車された時には、約30分にわたって450人の市民と交流された。

なお、東北新幹線が開業するまでは、黒磯駅が那須御用邸へのアクセス駅だった。昭和天皇の時代には、原宿駅の北にある皇室専用のホームから黒磯駅までお召し列車が運行されるのが慣例で、黒磯駅には天皇陛下が休息される貴賓室が現存している。東北新幹線の開業後は皇族の方が利用されることはほとんどなく、2005（平成17）年に紀宮様、現在の黒田清子さんがご結婚を前に、昭和天皇と同じ体験をしてみたいと天皇皇后両陛下（現在の上皇上皇后両陛下）と那須御用邸を訪れた際に利用されたのが最後だとか。黒磯駅の貴賓室は、時々一般向けの公開イベントが行われることもある。

那須塩原駅は、近距離輸送を担当する「なすの」の主な発着駅でもある。平日午前中には、当駅始発の「なすの」が8本設定されており、東京・埼玉・宇都宮などへの通勤通学客が利用している。

しんしらかわ
Shin-Shirakawa

全国唯一の「村」にある新幹線駅

# 新白河駅

──福島県西白河郡西郷村──

開業 ─1959(昭和34)年4月7日
─(磐城西郷駅)

接続路線 ─JR東北本線

全国92カ所あるフル規格新幹線の停車駅の中で、唯一村に位置している駅が新白河駅だ。福島県西白河郡西郷《にしごう》村にあるが、新幹線ホームの13号車乗り場付近に白河市との市村境がある。

全国唯一の村にある新幹線駅とはいえ、西郷村は一般的な「村」のイメージとはかなり異なる自治体だ。村内には東北新幹線新白河駅だけでなく

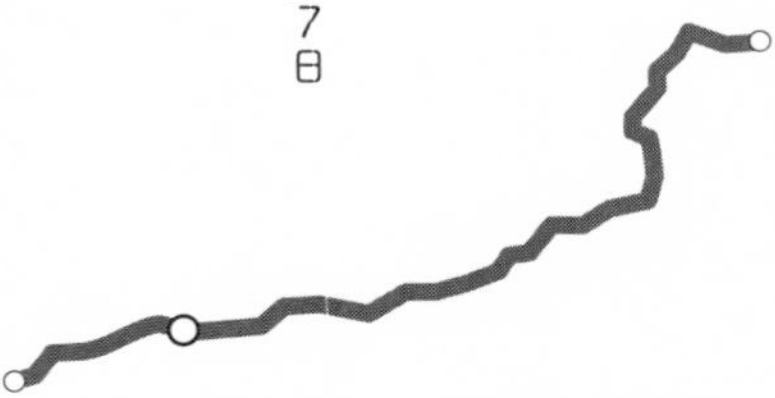

白河は「奥の細道」で松尾芭蕉が旅の覚悟を決めた歌を詠んだ地。駅前には芭蕉像がある

新幹線ホームを横断する形で白河市と西郷村の市村境がある

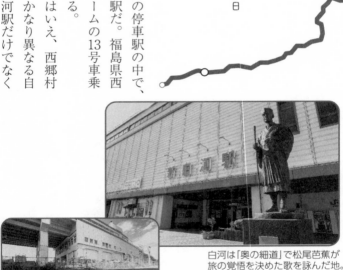

東北自動車道白河インターチェンジもあり、信越半導体白河工場や、医療用内視鏡で世界的なシェアをもつオリンパスグループの基幹工場である白河オリンパスなど先端技術の生産拠点が集まっている。新白河駅から東京駅までの新幹線通勤定期券は、1カ月14万円台で通勤手当の非課税限度額（15万円）に収まり、新幹線通勤が可能だ。西郷村には新幹線通勤者への補助金制度もあり、近年は郡山や首都圏へ長距離通勤を行う人が増えている。

こうしたことから、西郷村の人口は現在も約2万人で微増を続けている。自治体の財政健全性を表す財政力指数（収入額÷需要額）は0・91で、全国の自治体の中でも上位にランクされている。

白河市は2005（平成17）年に平成の大合併によって旧白河市をはじめとする一市三村が合併して成立したが、西郷村は健全な財政力を背景に早い段階で合併に参加しない道を選択した。旧白河市など周辺自治体の住民からは、「西郷村が参加しないと、合併する意味がないのではないか」という声が上がるほどだった。

そんな西郷村に位置する新白河駅は、東北新幹線の開業に際して磐城西郷駅から改称した駅だ。計画時には、バス専用道となっていた旧国鉄白棚《はくほう》線の跡を活用して白河市内に駅を設ける案もあったが、白河駅の移転が必要ということから実現しなかった。白河の関や、戊辰戦争で白河口の戦いの戦場となった白河小峰城で知られる。

こおりやま
Kōriyama

東北地方南部の人流と物流を支える基幹駅

# 郡山駅

―福島県郡山市―

開業　1887（明治20）年7月16日

接続路線　JR東北本線・磐越東線・磐越西線

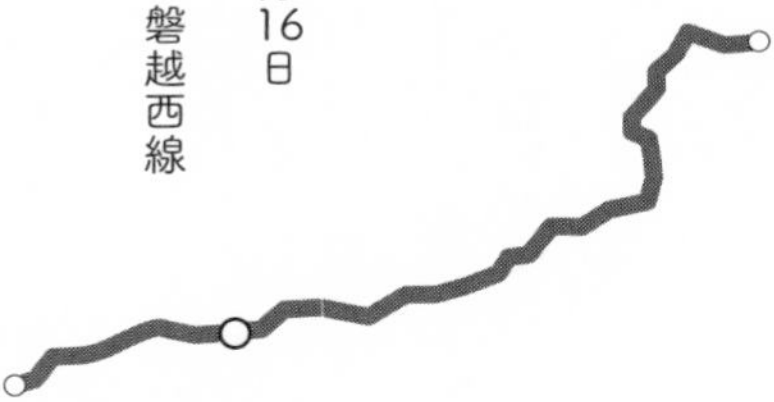

人口約33万人を誇る、福島県の商工業の中心地だ。東北本線と磐越東・西線、東北自動車道と磐越自動車道が交差する交通の要衝でもある。

その玄関である郡山駅は、新幹線と在来線の旅客駅、車両基地と工場、石油輸送を中心とした貨物取扱機能と、基幹路線の駅としてさまざまな機能を備えている。

福島県を代表する商都で
駅も立派な郡山駅

ディーゼルカー、転車台、タンク車など広大な敷地にさまざまな車両・施設がある

ホームの東隣には、磐越西線や磐越東線で使用されるディーゼルカーの車庫がある。転車台もあり、２０１１（平成23）年までは夏休みなどに郡山〜会津若松間でＳＬ列車も運行されていた。この車両基地は郡山総合車両センター郡山派出所。郡山総合車両センターの本所は駅の南約1キロにあり、全ての部品を解体・検査する全般検査をはじめとする車両の検査・修理を行う。南は千葉から西は新潟、北は盛岡まで、ＪＲ東日本の多くの車両が数年ごとにこの工場で隅々まで検査を受けている。また、引退した車両の解体・廃棄も行っており、数十年にわたって活躍してきた鉄道車両が最後の時を迎える場所でもある。

駅構内には、ディーゼルカーだけでなく石油を輸送するタンク車も並んでいる。郡山駅の北東約2キロの地点に、ＪＲ貨物の関連会社である日本オイルターミナルの郡山営業所（油槽所）があり、東北地方南部で使用される石油をここに輸送・備蓄しているのだ。通常は、川崎や千葉から東北本線を経由する石油輸送列車が運行されているが、２０１１年の東日本大震災で東北地方への石油供給がストップした際には、神奈川県の根岸駅から、不通となった東北本線を避け新潟・会津若松経由で郡山まで石油が輸送された。

郡山駅の南には、コンテナ貨物の基地である郡山貨物ターミナルもある。郡山は、旅客・貨物とも東北地方南部の物流を支える存在だ。

ふくしま
Fukushima

上り列車が「逆走」する珍しい駅

# 福島駅

福島県福島市

開業 1887（明治20）年12月15日

接続路線 JR東北本線・奥羽本線・福島交通飯坂線・阿武隈急行線

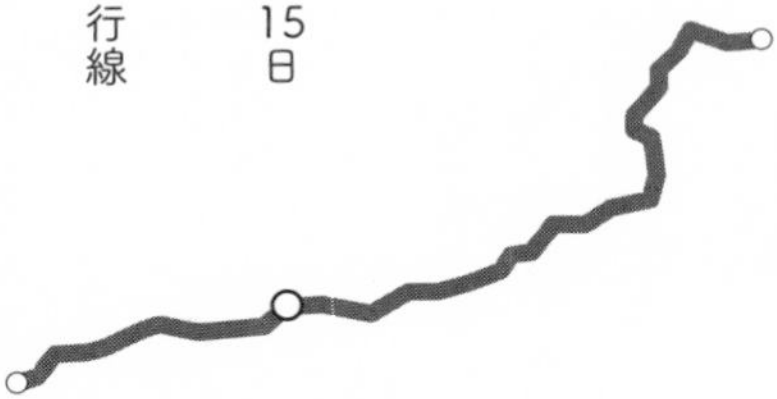

福島駅の新幹線乗り場は、他の駅では見られない独特の構造になっている。盛岡方面から来た上り「やまびこ」の一部列車は、福島駅の手前で下り線に入り、下り列車が発着する14番ホームに停車する。そして、福島駅を発車すると上り線に戻る。つまり、福島駅の前後だけ、「逆走」状態になるのだ。

県庁所在地ながら郡山よりも落ち着いた雰囲気の福島駅

「つばさ」と併結する上り「やまびこ」は、反対車線である下り本線を横断して福島駅に進入

これは、福島駅が山形新幹線の分岐駅であることが原因だ。山形新幹線は、90ページでも紹介したミニ新幹線で、福島駅から在来線に乗り入れる。ところが、山形方面の線路へは、東北新幹線からは下り側の14番ホームからしか入れない。そして、山形新幹線「つばさ」は、多くの列車が東京〜福島間で「やまびこ」と併結運転を行っている。そこで上り「やまびこ」は、「つばさ」と連結するために、福島駅の前後だけ下り線に入るのだ。

東北新幹線の運行は「COSMOS」と呼ばれるコンピューターシステムで制御されているので、上り「やまびこ」が下り線に入っても下り列車と衝突する危険はない。だが、上り「やまびこ」が下り線を通過している間は、下り列車は福島駅を発着できないし、山形新幹線は上下の列車が同時に福島駅を発着できない。これが、東北・山形新幹線の輸送力のボトルネックになっている。特に山形新幹線は、福島駅の構造のために1時間に最大3本しか運行できない。

このような形になったのは、山形新幹線の建設時に、山形方面から上り線に直接入る「アプローチ線」を省略して建設費を節約したからだ。だが、山形新幹線は開業直後から慢性的な混雑に悩まされることになった。そこでJR東日本は2026年度末までに、上り線に直通するアプローチ線を建設することを発表した。福島駅が改良されて、山形新幹線は開業から34年ぶりに本来の輸送力を発揮できるようになる。

しろいしざおう
Shiroishi-Zaō

# 白石蔵王駅

## ダイヤが乱れた時に時間調整を行う駅

—宮城県白石市—

開業 —1982(昭和57)年6月23日
接続路線 —なし

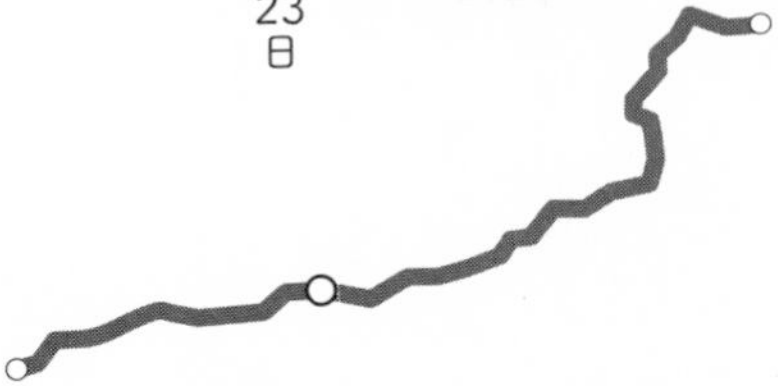

2019年度の1日平均乗車人数が891人と、盛岡以南の区間では最も利用者が少ない駅だ。白石市の中心、東北本線白石駅から南東へ1キロの地点にあり、他の鉄道とは連絡していない。市の中心部へは歩いて行ける範囲ながら、その中途半端な立地から、新しい町が造成されるわけでもなく、苦戦している。

1時間に1本しか列車が停車しないわりに施設が大きくガランとしている。上野〜盛岡間の駅はどれも過剰なほどに立派だ

東北新幹線が建設された時には、白石駅へ乗り入れるか、別の場所に新駅を設置するかが議論されたが、白石駅へ乗り入れる場合は市街地を分断するうえ、駅の北側で白石川を斜めに横断するなど難工事が予想された。また、この駅は蔵王方面への観光利用の方が中心になると予想され、在来線との接続よりも道路整備の方が重要と判断されて市街東部の大鷹沢地区に設置された。開業後は、遠刈田《とおがった》温泉や蔵王のリゾート施設へバスが発着しているが、スキーブームが沈静化して以降、ここ20年ほどの1日平均乗車人数は、700〜900人で推移している。

利用者はさほど多くない白石蔵王駅だが、駅施設の規模は大きい。下り線側は1面1線、上下線の通過線をはさみ、上り線は島式の1面2線。合計5本のレールが並んでいる。これは、仙台駅の北にある新幹線総合車両基地からの試運転列車が、当駅で折り返し運転をできるようにしたものだ。一番東側の上り3番ホームは通常使われていない。

白石蔵王駅に停車する列車はすべて「やまびこ」で、概ね1時間に1本が設定されているが、多くは東京〜福島間で山形新幹線「つばさ」を併結する列車だ。「つばさ」との分割併合を行う列車は、福島駅で必ず下り線側の14番ホームを使う（156ページ）。そこで、もしダイヤが乱れて上り列車が時刻通りに福島駅へ入線するのが難しくなった場合に時間調整ができるよう、「つばさ」併結列車は白石蔵王駅に停車するダイヤが組まれている。

せんだい
Sendai

日本初の地下鉄は仙台にあった？

# 仙台駅

――宮城県仙台市――

開業　1887（明治20）年12月15日

接続路線　JR東北本線・仙山線・仙石線・仙台市地下鉄南北線・東西線

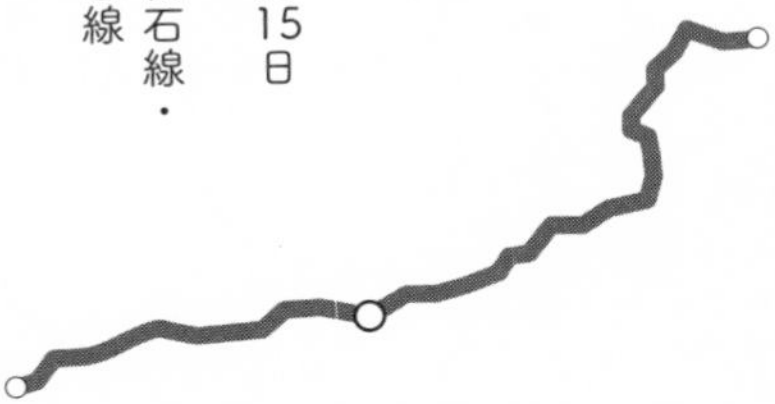

日本鉄道の延伸とともに、明治時代に開業した仙台駅だが、日本初の地下鉄道が営業した駅ともいわれている。1925（大正14）年、現在の仙石線の前身となる宮城電気鉄道が、仙台～西塩釜間で開業した。当時、仙台の市街地は駅西側にあり、東側には貨物ヤードが広がっていた。そこで、宮城電気鉄道は仙台駅の東側で地下に入り、国鉄

駅正面側に新幹線が乗り入れ、東北を代表する都市らしい風格を備える仙台駅

線をくぐって駅西側に乗り場を設けた。距離にして200メートルほどだったが、日本初の地下鉄である東京地下鉄道（現在の東京メトロ銀座線）上野〜浅草間が開業する2年半前のことであり、こちらを「日本初の地下鉄」とする声もある。宮城電気鉄道の仙台駅は、1面1線だけの簡素なホームだったが、ニューヨーク市地下鉄の77丁目駅を模したともいわれ、当時としては大変モダンなデザインが評判を呼んだ。宮城電気鉄道は、その後石巻まで延伸した後、戦時買収によって1944（昭和19）年に国鉄仙石線となった。

戦後も地下線はそのまま使用されたが、1952（昭和27）年に宮城・福島・山形の三県で国民体育大会（国体）の開催が決まり、仙台市街東方の陸軍練兵場跡地に多目的運動場（現在の楽天生命パーク宮城ほか）が建設された。そこで、運動場へのアクセス路線となる仙石線のリニューアルが行われ、駅東側のトンネル出口付近に新しい仙石線乗り場を建設。1952年9月26日から使用を開始した。地下線跡は線路を撤去して、西口からの連絡通路として活用され、2000（平成12）年まで存在した。

平成まで仙石線乗り場として使われた地下線の入口は、現在の仙台駅東口、島崎藤村が休憩したという名掛丁《なかけちょう》藤村広場の南側にある立体駐車場付近にあたる。そして地下線時代の仙台駅は、西口の仙台パルコがあるあたりだ。

ふるかわ
Furukawa

# 古川駅

旧駅跡地は現代の貨物拠点「オフレールステーション」に

宮城県大崎市

開業 1913（大正2）年4月20日

接続路線 JR陸羽東線

陸羽東線との乗り換え駅だ。計画段階では、東北本線の小牛田《こごた》駅に接続することも検討されたが、地質に問題があり、古川経由が選ばれた。

陸羽東線には、開業以来古川駅があったが、東北本線の古河《こが》駅と紛らわしいとされたことから、開業から2年後の1915（大正4）年に「陸前古川駅」に改称された。

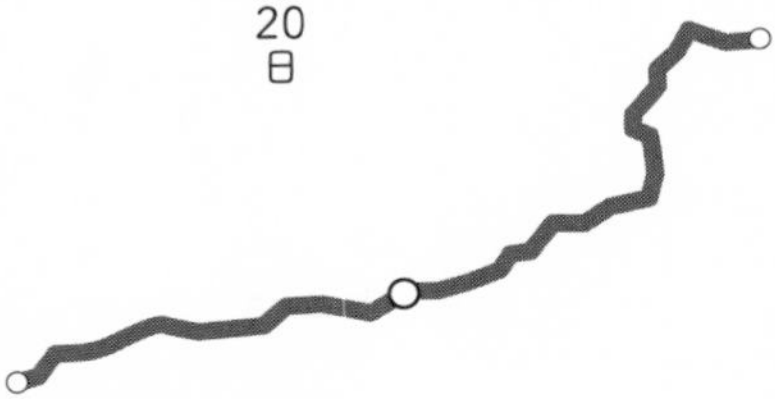

開業から40年近くが経過し各地の駅で耐震補強や外装のリニューアルが進められている

旧陸前古川駅跡はオフレールステーションに。貨物列車を仕立てるほどではない規模がよくわかる

それから65年後の1980（昭和55）年、東北新幹線の建設にあたって再び「古川駅」に改称。同時に300メートルほど東の小牛田寄りに移転した。

古川駅の新幹線下りホームから西側を眺めると、陸羽東線の線路脇にコンテナが並ぶスペースがある。ここが、かつて陸前古川駅のホームと駅舎があった場所だ。だが、2021（令和3）年現在、陸羽東線に貨物列車は運行されていない。ここは、「オフレールステーション」と呼ばれる施設だ。

オフレールステーション（ORS）とは、貨物列車が発着しない鉄道貨物拠点だ。古川ORSの場合、仙台市内の仙台貨物ターミナルから1日2便、トラックによるコンテナ輸送が行われている。鉄道コンテナ輸送は、拠点間の高速・大量輸送に適しているが、古川のような規模の拠点に貨物列車を運行するのはかえって効率が悪い。一方で、仙台貨物ターミナルのような大規模貨物駅で運送業者に引き継ぐと、運送業者のトラックが走る距離が長くなるうえ貨物駅周辺に交通が集中し、これも問題がある。そこで貨物列車の代わりとなるトラック便を、大規模貨物駅とORSとの間に運行してコンテナをまとめて輸送し、各運送業者に引き継ぐ。ORSがコンテナを中継するおかげで、運送業者によるトラック輸送の距離が短くなり、きめ細かい輸送やドライバーの労働環境改善に役立つのである。

全国には、こうしたオフレールステーションが30カ所以上ある。

くりこまこうげん
Kurikoma-Kōgen

# くりこま高原駅

——宮城県栗原市——

## 田んぼが広がる、日本一標高の低い高原駅

**開業** 1990（平成2）年3月10日

接続路線 なし

JR東日本が発足してから、初めて開業した新幹線駅だ。駅名選定の経緯は48ページで紹介したが、JR東日本が観光振興を意識した駅名を採用した結果、全国的にも珍しい「田んぼの中の高原駅」が誕生した。

全国には、「聖《ひじり》高原」や「会津高原尾瀬口」など、駅名に「高原《こうげん》」がつく駅が13カ所ある（ロー

周囲を田んぼに囲まれているものの、展望レストランが隣接し意外と楽しめるくりこま高原駅

プウェイ駅を除く)。それらの駅はほとんどが標高200メートル以上の高地にあるが、くりこま高原駅は標高20メートルと、圧倒的に低い。ちなみに、くりこま高原駅の次に標高が低い高原駅は伊豆急行線伊豆高原駅(約66メートル)。最も標高が高い高原駅は、野岩《やがん》鉄道の男鹿高原駅《おじかこうげん》(759・7メートル)だ。

新幹線の駅は、開業からしばらくすると、周囲に宿泊施設やマンションなどが建ち開発が進むことが多いが、くりこま高原駅の周囲は、開業から30年以上が経過したいまも一面の田んぼだ。これは、駅周辺を含む一帯が、国の農業振興地域の農用地域に指定されていたから。周辺の迫川《はさまがわ》、二迫川《にはさまがわ》、三迫川《さんはさまがわ》流域では国と県が農業用のかんがい排水整備を行っていた。くりこま高原駅周辺は、かんがい排水事業によって恩恵を受ける「受益地」にあたり、農地からの転用・開発が一定期間厳しく制限されていたのだ。2006(平成18)年に、部分除外を受けてイオンモールがオープンしたが、それ以外の地域はほとんど開業当時のまま。駅前から徒歩1分で広大な田んぼに出られる。農業振興地域からの除外を申請することもできるが、適用を受けるには厳しい要件をクリアしなくてはならない。

とはいえ、駅がある栗原市や隣接する登米《とめ》市は、もしくりこま高原駅がなければ山を越えて一ノ関や古川、あるいは仙台に出なくてはならず、駅の存在価値は高い。

いちのせき
Ichinoseki

鉄道史に残る
大船渡線の分岐駅

# 一ノ関駅

——岩手県一関市——

開業 1890（明治23）年4月16日

接続路線 JR東北本線・大船渡線

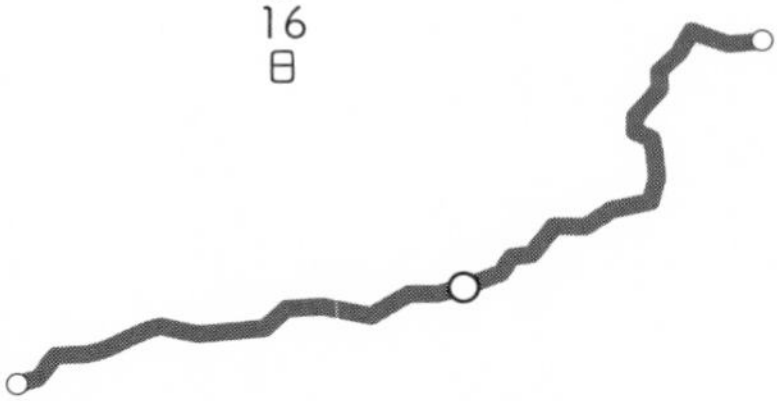

岩手県に入って最初の駅。自治体名は「一関市」だが、駅は開業当初から「一ノ関駅」と表記している。平泉の南を守る関所として「一関」「二関」「三関」が置かれたことに由来する説と、北上川の氾濫をせきとめるための「一ノ堰」が置かれたことに由来する説がある。人口11万人の岩手県を代表する都市の一つで、１９８０年代には

世界文化遺産の平泉・中尊寺の玄関で、駅名よりも世界遺産のアピールのほうが目立つ

企業進出が相次いだ。世界遺産の平泉・中尊寺や三陸地方への玄関でもあるが、近年は市中心部にあった有力企業の撤退が相次いでいる。人口も、1955（昭和30）年の17万4000人から減少を続けるなどやや元気がない。

そんな一ノ関駅は、三陸地方の気仙沼、大船渡方面へのJR大船渡線の分岐駅でもある。大船渡線は、大正時代に政治家の駆け引きによってルートが何度も変更された「我田引鉄」の例として有名だ。計画当初は、陸中門崎《りくちゅうかんざき》から千厩《せんまや》を経て気仙沼まで最短ルートで結ばれるはずだったが、原敬総理率いる立憲政友会の後押しで、千厩の北にある摺沢《すりさわ》出身の人物が総選挙に当選したことからルートが摺沢経由に変更。ところがその後ライバルの憲政会が巻き返し、摺沢から再び千厩を経由するよう変更されたのだ。このため、大船渡線は長方形の三辺をたどるような、不自然に遠回りのルートになってしまった。もっとも、結果として人口の多い地域をなぞることになり、地域の発展には役立ったという。

大船渡線は、2011（平成23）年に発生した東日本大震災の津波被害によって気仙沼～盛間がBRT（バス・ラピッド・トランジット）に転換され、鉄道は一ノ関～気仙沼間の62・0キロで運行されている。2005（平成17）年に7市町村の合併によって一関市の市域が広がったため、一ノ関～新月間55・3キロが一関市内となり、市外に出るのは新月～気仙沼間の一区間だけとなった。

みずさわえさし

Mizusawa-Esashi

新花巻駅と同じ構造のシンプルな駅

# 水沢江刺駅

―岩手県奥州市―

開業―1985（昭和60）年3月14日

接続路線―なし

東北新幹線上野～大宮間が開業した日に、新花巻駅とともに開業した駅だ。新花巻駅とは共通の設計となっており、ホームの配線・有効長からコンコースの構造、エスカレータやエレベータ、階段の幅まで、ほとんど同じ。駅舎も、外観デザインこそ異なるが、水沢江刺駅と新花巻駅はほぼ同一だ。

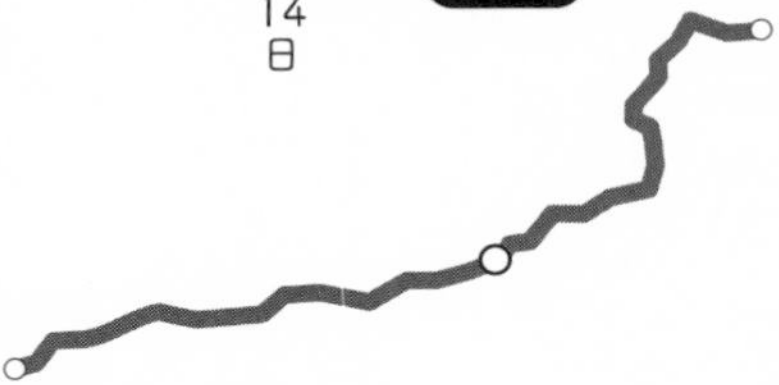

山小屋風デザインの水沢江刺駅は現在外装リニューアル工事中

40年もの間山中に放置されていた「後藤新平と少年」像は水沢江刺駅の新しいシンボル

水沢江刺駅はとてもシンプルだ。新幹線駅のホームは5メートル以上の幅を設ける決まりだったが、特別な承認を受けて4・5メートルで済ませ、通過線のない対向式ホーム2本・線路2本、12両編成対応の長さで建設された。将来的には、島式ホーム2本・線路4本、16両編成対応に拡張できる設計だったが、実現したのは16両（在来線規格の秋田新幹線を含む場合は17両）編成対応だけ。国鉄時代に建設された東北新幹線の駅は、極めて立派な施設が多いが、水沢江刺駅（と新花巻駅）の簡素な作りは異例の存在だった。実際にはこの施設でも十分に機能を果たしたことから、これ以降の開業区間では、駅設備は必要最低限の規模で整備し、付帯施設や駅周辺を自治体が充実させる手法が一般化した。

駅前には「後藤新平と少年」像がある。駅の東にある羽黒山で1960年代に構想された展望園向けに建立されたが、計画の頓挫によって放置されていたものを2007（平成19）年に移設したものだ。後藤新平（1857～1929）は水沢出身の政治家で、鉄道院総裁や南満州鉄道総裁も務めた。狭軌で整備された日本の鉄道について、外国と同じ広軌（新幹線と同じ標準軌のこと）への改築を訴えたが、既存路線の再整備よりも地方へのローカル線整備優先を主張した原敬らに敗れた。戦後東海道新幹線建設を強力に推し進め、「新幹線の父」とも呼ばれた十河信二《そごうしんじ》国鉄総裁は、かつて鉄道院総裁時代の後藤から標準軌の必要性について薫陶を受けた人物。後藤新平は新幹線の祖父ともいえる。

Kitakami

## 悲運の北上線の分岐駅

# 北上《きたかみ》駅

――岩手県北上市――

開業 1890（明治23）年11月1日（黒沢尻駅）

接続路線 JR東北本線・北上線

北上市は和賀川と北上川の合流点に位置し、水運と肥沃な土地に恵まれたことから発展した都市だ。現在は人口9万人、かつては農業の町だったが、今は半導体や自動車関連品などの工場が集まる工業都市である。

北上駅の新幹線ホームは、かつての貨物ヤードの一部を転用して建設され、在来線の東側にある。

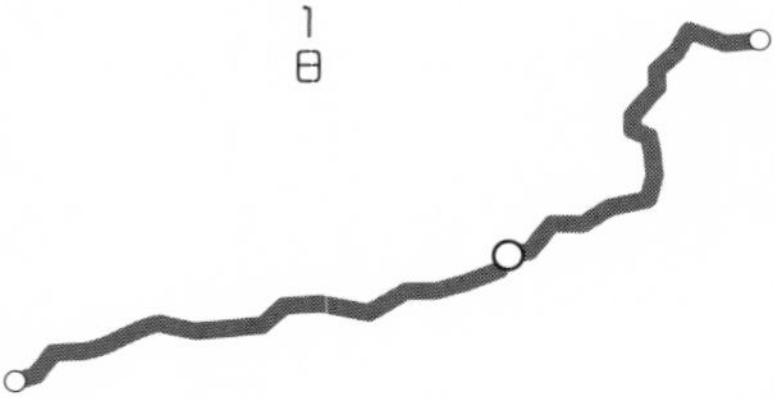

東北地方の都市として標準的な駅舎が今も現役で使われている北上駅

在来線ホームと新幹線ホームとの間には、主に貨物列車が使用する留置線が並んでいるが、今は貨物列車の発着はない。

新幹線ホームは、東北新幹線では珍しく半径５０００メートルの曲線上にあり、在来線とＹ字形の線形を成していることが特徴だ。これは、駅の北にある黒沢尻東小学校を避けるため。開業時には終着・盛岡駅の手前の駅だったこともあり、ダイヤが乱れた時などに備えて、下り側に予備ホーム（11番線）がある。もし、盛岡駅で列車が詰まってしまっても、北上駅で待機できる構造だ。

北上駅からは、ほっとゆだ駅を経て奥羽本線横手駅へ至る北上線が分岐している。北上線は、東北本線と奥羽本線を結ぶ路線の中でも距離が短く、また１９６２（昭和37）年に湯田ダムの完成に伴うルート変更が行われたこともあり線形がよい。このため、東北地方の太平洋側と日本海側を結ぶルートの一つに数えられ、１９７１（昭和46）年からは仙台〜北上〜横手〜秋田間に特急「あおば」が運行された。しかし、１９７５（昭和50）年に共通の車両を使っていた特急「つばさ」が電車化されると、非電化の北上線を経由する「あおば」は急行に格下げされてしまう。北上線はその後も奥羽本線の迂回ルートとしての役割を担い、寝台特急「あけぼの」が運行されたこともあるが、非電化であるためについにメインルートとなることはできなかった。

しんはなまき
Shin-Hanamaki

「SL銀河」人気で存在感を増す

# 新花巻駅

—岩手県花巻市—

開業　1985（昭和60）年3月14日

接続路線　JR釜石線

水沢江刺駅と同時に開業した請願駅で、花巻駅から約6キロ東の、釜石線との交差部に建設された。手続き上は、新花巻駅の約400メートル花巻駅寄りにあった矢沢駅を廃止して、新たに開業した形をとったが、事実上、矢沢駅を移転・改称した駅といえる。新幹線の下りホームからは、かつて矢沢駅があった場所のレールが不自然にカー

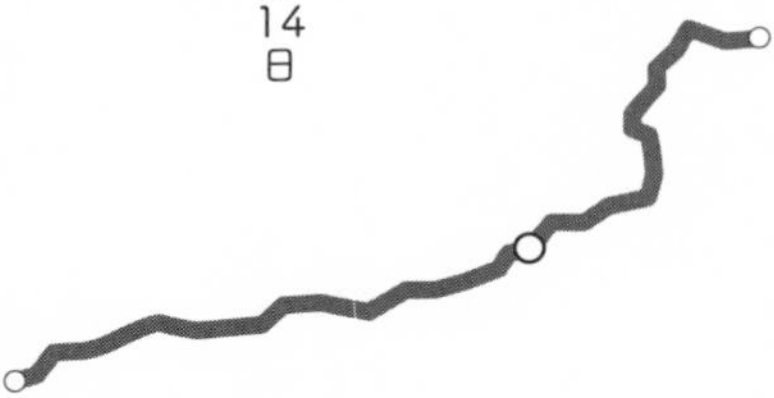

コンパクトにまとめられた新花巻駅。水沢江刺駅と比較してみたい

旧矢沢駅の痕跡がレールと空き地に残る

ブしているのが見える。これは、矢沢駅がすれ違い可能な駅だった名残だ。

花巻市民の大運動（52ページ）が実って開業した新花巻駅だが、釜石線の列車は新幹線との接続はあまりよくない。釜石線乗り場は、新幹線の駅からいったん外に出て、地下道で県道をくぐらなくてはならず、在来線との乗り換えはさほど重要視されていない雰囲気だ。地元の人は24時間まで無料の駅前駐車場を利用して自家用車でアクセスし、観光客はレンタカーか、花巻温泉へのバスを利用することが多い。

一方で、新花巻駅は、釜石線の観光列車である「ＳＬ銀河」の発着駅でもある。盛岡市内の岩手県営運動公園で保存されていたＣ58形２３９号機を復元し、２０１４（平成26）年４月から週末を中心に花巻～釜石間で運行されている。釜石線は、最大25パーミルの急勾配区間が連続し、標高差が約４７０メートルもある。蒸気機関車一台では力が足りず、客車にディーゼルエンジンを搭載したキハ１４１系を使用している。これは国鉄時代の50系客車をＪＲ北海道がディーゼルカーに改造して使っていたもので、ＪＲ東日本が譲り受けて再改造した。ＳＬ銀河は、岩手県の観光の目玉に成長しているが、その人気は直接新幹線から乗り換えられる新花巻駅があってこそのものだ。住民たちが熱望した新花巻駅は、開業から30年近くを経て大きく存在感を増した。

もりおか
Morioka

# 盛岡駅

——岩手県盛岡市——

## 川に挟まれた交通の要衝

開業　1890（明治23）年11月1日

接続路線　JR東北本線・山田線・田沢湖線・IGRいわて銀河鉄道線

東北新幹線一期開業区間の終着駅であり、岩手県の県庁所在地だ。古くは「不来方《こずかた》」「古志方《こじかた》」と呼ばれたが、江戸時代に南部藩主の南部《なんぶ》利直《としなお》が不来方では縁起が悪いと「森岡」と名づけ、さらに縁起のよい「盛岡」の字を当てたとされる。「社の多い岡」を由来するという説もある。北上川と中津川、そして雫石川が合流する地点にあり、

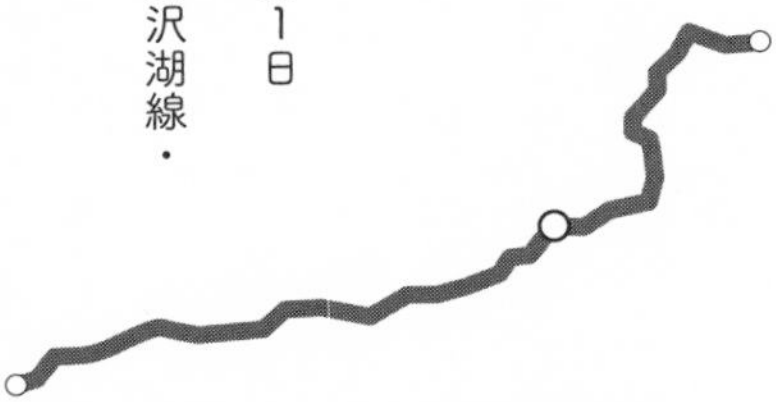

駅前では物産イベントも頻繁に行われている盛岡駅。左には石川啄木による「もりおか」の文字もある

安土桃山時代から江戸時代初期にかけて南部氏が盛岡城を築いたことから城下町として発展した。

盛岡駅は、青森までの鉄道全通を急いだ日本鉄道が、他の多くの都市と同様市街地のはずれに建設した。その場所が北上川と雫石川に挟まれた狭い土地だったため、今も駅前周辺は比較的静かだ。町の中心までは北上川を渡って徒歩10分ほどかかる。

一方で盛岡駅は古くからの交通の要衝で、東北本線とＩＧＲいわて銀河鉄道線のほか、宮古へ向かう山田線、秋田方面に向かう田沢湖線が分岐し、大館方面の花輪線の列車も発着する。東北新幹線は、当駅で秋田新幹線「こまち」の分割・併合を行う。Ｅ５／Ｈ５系とＥ６系の分割・併合シーンは盛岡駅の名物となっているが、作業はほとんどが自動化されており、盛岡駅での停車時間は２～５分程度しかない。特に上り列車は、「こまち」を連結すると１分で発車という列車も多いので、見学する人は注意が必要だ。

秋田新幹線も、山形新幹線と同じミニ新幹線なので、盛岡駅の新幹線ホームから在来線へ降りていく。新幹線と在来線とを結ぶアプローチ線は福島駅と同様（１５６ページ）下り線側にしかないが、途中に分岐があり、上りホームとの行き来も可能。秋田方面から来た「こまち」はいったん下り本線を通過するが、新青森方面から来た「はやぶさ」が、「こまち」との併結のために下りホームに入る必要はなく、ダイヤ上の制約は少ない。

いわてぬまくない

Iwate-Numakunai

かつては十三本木峠越えの入口だった岩手町の玄関

# いわて沼宮内駅

――岩手県岩手郡岩手町――

開業 1891（明治24）年9月1日（沼宮内駅）

接続路線 IGRいわて銀河鉄道線

在来線時代は沼宮内駅と呼ばれていたが、2002（平成14）年の東北新幹線開業と同時にいわて沼宮内駅に改称した。「いわて」は岩手県を表すのではなく、駅がある岩手町という意味だ。新幹線の1日の平均乗車人数は79人（2019年度）で、JR東日本の新幹線駅としては最も利用者が少ない駅だ。

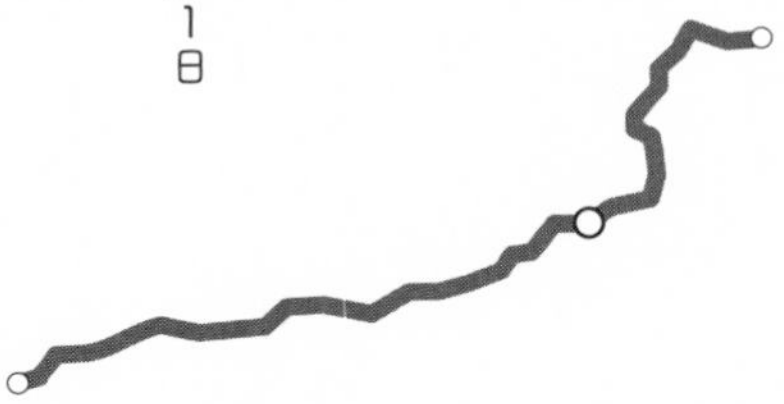

新幹線の駅とIGRいわて銀河鉄道の駅は連絡通路で結ばれている。左端にはユニークな展望デッキも見える

在来線時代の沼宮内駅には、十三本木峠（奥中山峠）越えの入口という重要な使命があった。沼宮内駅から11パーミルの連続勾配が始まり、次の御堂駅を過ぎるとすぐに23・8パーミルという過酷な峠越え区間に入る。奥中山駅（現・奥中山高原）の先の中山トンネルがサミットで、その先は最大24パーミルという下り勾配で一戸駅まで降りていく。かつては一戸駅に機関区があり、十三本木峠越え専門の補助機関車としてD51形蒸気機関車がスタンバイしていた。沼宮内駅には一戸機関区の支所があり、ここで上り列車から切り離された機関車は、また下り列車の最後尾に連結されて、奥中山への勾配を登っていった。

いわて沼宮内駅は、岩手町の中心から1キロあまり離れたところにあるが、これも機関車が待機できる平坦な場所に駅を設けたためだ。駅周辺に商店は少なく、駅併設の「岩手広域交流センタープラザあい」にカフェや物産店などがある。3階には空に突き出た展望デッキがあり駅周辺を一望できるが、大パノラマを楽しめる……というほどではない。

もっとも、新幹線の利用者が少ないのは人がいないからではなく、IGRいわて銀河鉄道の方が便利だからだ。新幹線は盛岡駅まで所要13分だが2時間に1本しかない。在来線なら30分に1本程度あり、所要時間も34分前後で1日900人程度の利用がある。普段はIGRいわて銀河鉄道を利用し、東京など遠出をするときだけ新幹線が使われている。

にのへ
Ninohe

## ミニ独立国「カシオペア連邦」の玄関

# 二戸駅

——岩手県二戸市——

開業 1891（明治24）年12月20日（福岡駅）

接続路線 IGRいわて銀河鉄道線

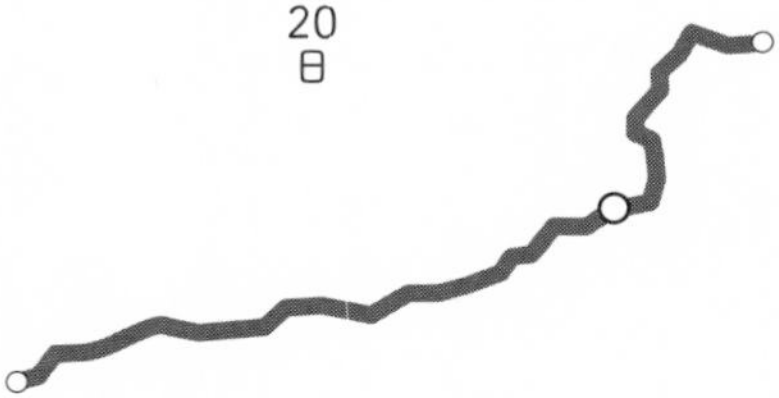

馬淵川《まべちがわ》沿いに位置する二戸市南部にある駅だ。狭い谷に市街地が形成されており、東口駅前から馬淵川までの300メートルあまりで15メートル以上の高低差がある。渓谷美を楽しめる馬仙峡《ませんきょう》も近く、坂は多いものの手軽な散策を楽しめる町だ。

二戸の町を歩いていると、「カシオペアFM」や「カシオペアメッセ・なにゃーと」など、「カ

未来的なデザインになった二戸駅。駅前に出ると目の前に馬仙峡の景勝地が見え、散策も楽しい

シオペア」という言葉をちらほら目にする。これは、１９９１（平成３）年に岩手県北部の二戸市、浄法寺町、一戸町、九戸村、軽米町が集まって発足した「カシオペア連邦」にちなむ名称だ。

「カシオペア連邦」は、１９８０年代から90年代にかけて全国的にブームとなった、「ミニ独立国」の一つだ。東北地方の村が日本国からの独立をはかる、井上ひさしの小説「吉《き》里《り》吉《き》里《り》人《じん》」がヒットし、吉里吉里という地名がある岩手県大槌町が観光振興のため「吉里吉里国」を名乗ったことがきっかけで、全国に同様の独立国風の観光振興が広まった。カシオペア連邦もその流れで発足したもので、当時の五つの自治体がW字状に並んでいることから、星座のカシオペア座にあやかって「カシオペア連邦」と名づけられた。

全国の「ミニ独立国」の多くがブームの終焉とともに活動を終えていったのに対し、カシオペア連邦は自治体連携の枠組みとして存続した。現在はＮＰＯ法人によるコミュニティＦＭ「カシオペアＦＭ」や、地域の名所・特産品等を認定する「いわてカシオペアブランド」といった形で、地域のＰＲに役立てられている。２０００年代の平成の大合併では、五市町村が合併について協議したがこちらはまとまらず、旧二戸市と浄法寺町が合併して二戸市となるに留まった。もし、五市町村の合併が実現していたら、あるいは「カシオペア市」が誕生していたかもしれない。

はちのへ
Hachinohe

国防上の配慮から内陸部に設置された
# 八戸駅
——青森県八戸市——

開業 1891(明治24)年9月1日(尻内駅)
接続路線 JR八戸線・青い森鉄道線

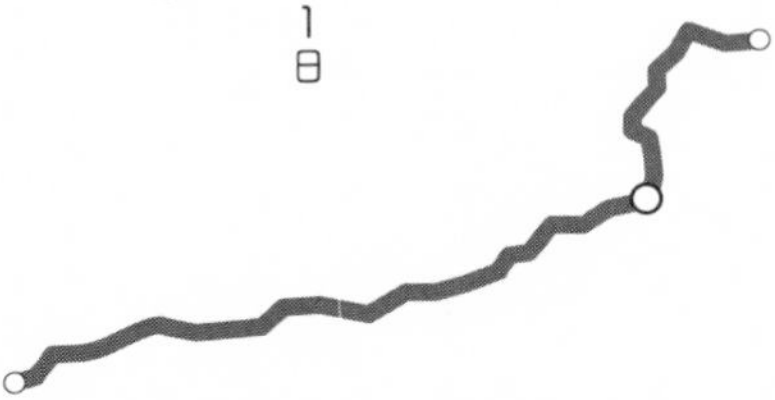

2002(平成14)年に、東北新幹線盛岡〜八戸間が開業した時の終着駅だ。太平洋に面した八戸市の西部に位置し、日本の新幹線の駅としては最も東にある。

八戸市を代表する駅ではあるが、市の中心部からは西に5キロも離れた場所にある。開業当時、このあたりは八戸市ではなく上長苗代村であり、

コンパクトにまとめられた八戸駅。国鉄時代に建設された新幹線駅とは規模も印象も異なる

駅名も尻内《しりうち》駅を名乗っていた。

なぜ、八戸駅は八戸市の郊外にあるのか。明治時代に東北本線を建設した日本鉄道は、建設を容易にするために各都市で市街地の端に駅を設置したが、八戸駅は少し事情が異なる。青森までの鉄道全通を急いでいた日本鉄道は、建設が比較的簡単な海沿いのルートを計画したが、陸軍は国防上の理由から海岸を避け、内陸経由のルートを主張した。最終的に鉄道局の後押しもあって海岸ルートが採用されたが、国防に対する配慮から、太平洋に直接面することになる八戸市街経由は避けることになった。こうして、市街から遠く離れた馬淵川の左岸に尻内駅が設置されたが、東北の要港である八戸港に鉄道が接続しないわけにはいかず、東北本線盛岡〜青森間開業から3年後の1894（明治27）年、尻内〜八ノ戸（現・本八戸）〜湊（廃止）間が開業した。これが現在のJR八戸線のルーツだ。

八戸駅と、北三陸の久慈駅とを結ぶ八戸線には、観光列車の「TOHOKU EMOTION」が運行されている。車内にライブキッチンスペースを備えたレストラン列車で、コンパートメント個室やオープンダイニング席で、車窓風景を楽しみながら東北の食材を使った料理を味わえる。

八戸線は1930（昭和5）年に全通した歴史ある路線で、三陸地方を走る他の路線よりもトンネルが少なく、海岸段丘から眺める太平洋が美しい。

しちのへとわだ

Shichinohe-Towada

## ローカル私鉄との接続は幻に終わる

# 七戸十和田駅

──青森県上北郡七戸町──

開業　2010（平成22）年12月4日

接続路線　なし

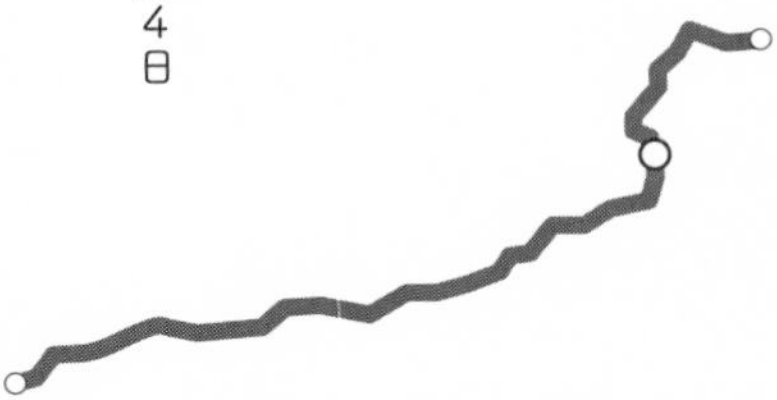

東北新幹線最後の停車駅だ。駅舎のデザインは、八戸駅や新函館北斗駅などと同じ鉄道施設の設計に強い交建設計が担当し、「八甲田連峰」「町の未来」「奥州街道や牧場の松並木」を表す三つの建造物に、八甲田の山並と南部馬の背中をモチーフとした曲線の意匠が施されている。高瀬川沿いにある七戸町の中心から北へ約3キロの段丘上にあ

八甲田山の山並みなどを表現する窓が印象的な七戸十和田駅。徒歩圏内に日帰り温泉施設もある

る駅で、新幹線の開業以前は、青森県営農大学校くらいしかない農村地帯だった。駅のすぐ東を国道4号が通っており、十和田市や野辺地町など周辺自治体への車によるアクセスはよい。

その国道4号には、1997(平成9)年まで南部縦貫鉄道が並走していた。東北本線(現・青い森鉄道)野辺地駅と、七戸町の市街地にあった七戸駅を結んだ私鉄だ。特に営農大学校前駅は七戸十和田駅から徒歩7分ほどの至近距離にあった。1973(昭和48)年11月に、東北新幹線盛岡〜青森間の主要な経由地が発表されると、七戸町に設置される新幹線駅に、南部縦貫鉄道を接続させる構想が生まれた。営農大学校前付近から新線を建設して新幹線駅に乗り入れ、野辺地、下北半島へのアクセスとして活用するというものだ。この構想を背景に、南部縦貫鉄道は一時期下北半島の国鉄大湊線と大畑線(下北交通に移管後廃止)の運営引き受けを申し出ている。だが、南部縦貫鉄道は旧式のレールバスが往復する零細ローカル鉄道で、実現性は高くはなかった。結局、同鉄道は東北新幹線の建設にようやく道筋がつき始めた1997年に営業休止となり、2002(平成14)年、正式に廃止されてしまった。南部縦貫鉄道の跡は、比較的よく残っており、青森県営農大学校正門前からは鉄道らしいカーブを描く線路跡の道を歩くことができる。終着駅だった七戸駅は車両とともに保存され、定期的に運転会が実施されている(130ページ)。

しんあおもり
Shin-Aomori

新幹線開業から10年を経て
新都市に成長

# 新青森駅

―青森県青森市―

開業 ―1986（昭和61）年11月1日

接続路線 ―JR奥羽本線

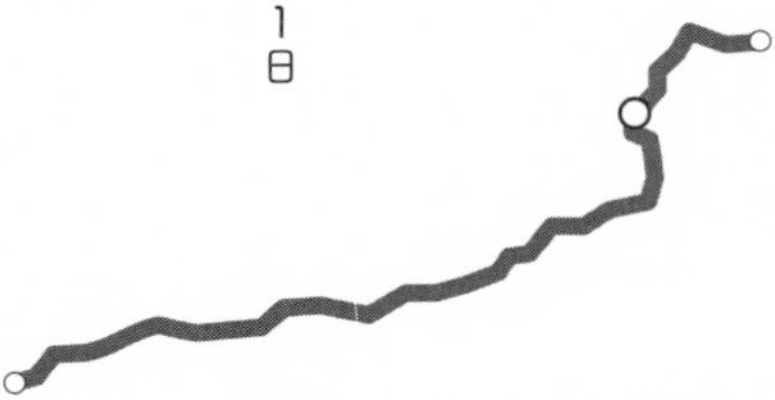

東北新幹線の終着駅であると同時に、北海道新幹線の起点駅。青森駅から3・4キロ西の石江地区にあり、青森駅へは奥羽本線が接続している。このため、新青森～青森間のみ乗車する場合は、特急列車に乗っても特急料金不要の特例がある。

新青森駅に到着する直前には、整備新幹線の曲線規格（半径4000メートル以下）を下回る半径2

青森市の郊外にできた新青森駅だが、開業後に注目された三内丸山遺跡は徒歩でもアクセス可能だ

500メートルの左カーブがあるが、これは新青森駅の南2キロにある日本最大級の縄文時代の遺跡、三内丸山《さんないまるやま》遺跡を避けてルート変更をしたためだ。三内丸山遺跡は江戸時代から存在自体は知られていたが、その高い価値が認識されたのは1990年代以降のこと。東北新幹線盛岡～新青森間のルートが認可されたのは1985（昭和60）年で、新青森駅は1986（昭和61）年に在来線の部分が先行して開業している。もし、この区間が当初の予定通りに建設されていれば、三内丸山遺跡は新幹線によってつぶされ、2021（令和3）年の世界文化遺産への登録もなかったかもしれない。

新青森駅がある石江地区は、奥羽本線の南側には住宅地があったが、北側は新城川の河岸段丘面にある田園地帯だった。新幹線が開業した2010（平成22）年12月には、レンタカー業者が1軒できただけだったが、10年あまりが経過して、132ページで紹介した病院をはじめ、ビジネスホテルや結婚式場、家電量販店などがオープン。一戸建て住宅も増え、新しい町が形成されつつある。

新青森駅の北、新城川を渡った先には、東北新幹線終点方の車両基地、盛岡新幹線車両センター青森派出所がある。終列車から始発まで新幹線車両が一時的に待機する留置施設だ。日中はほとんど車両の出入りはなく、また豪雪地帯にあるため車庫施設はすべて屋内にあるため、車両が出入りする様子を見ることは難しい。

おくつがるいまべつ
Okutsugaru-Imabetsu

見どころの多い新幹線の秘境駅

# 奥津軽いまべつ駅

――青森県東津軽郡今別町――

開業｜2016（平成28）年3月26日

接続路線｜JR海峡線（JR津軽線津軽二股駅）

北海道新幹線最初の停車駅で、唯一本州にあるJR北海道の駅だ。津軽半島北部、今別川の谷にある駅で、1日の平均乗車人数はわずか26人（2019年度）。全国のフル規格新幹線駅で最も利用者が少ない、いわば新幹線の秘境駅だ。

元々、ここは青函トンネルが建設された時から保守車両の基地として計画されていた。1988

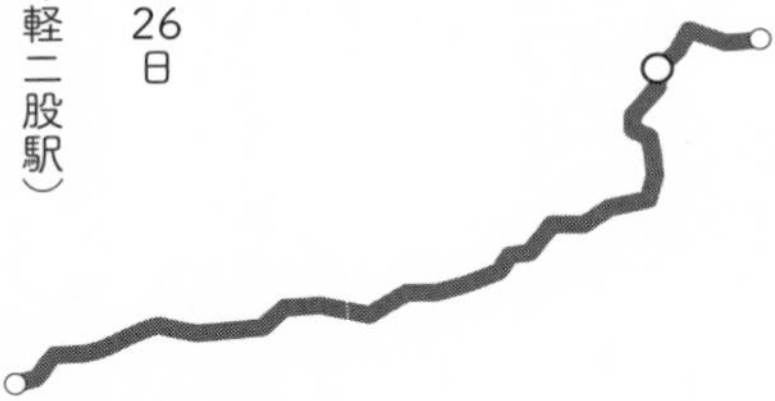

全国の新幹線で最も利用客が少ない奥津軽いまべつ駅。駅前にも広場以外何もない

高さ25mの連絡通路は展望台を兼ねており、保守基地やJR津軽線津軽二股駅を一望。津軽海峡越しの北海道も見える

（昭和63）年の青函トンネル開業時には、保守基地への分岐がある新津軽二股信号場となるはずだったが、地元の要望により旅客列車が停車する津軽今別駅として開業した。奥津軽いまべつ駅は、その津軽今別駅と同じ場所にあるが、手続き上は津軽今別駅を廃止したうえで新規に開業した駅だ。

駅改札口と駅前広場は、高さ25メートルの連絡通路で結ばれている。青函トンネルは在来線と新幹線が共用する三線軌条区間（64ページ）となっているが、奥津軽いまべつ駅には在来線・新幹線双方の保守車両基地がある。基地をまたぐ連絡通路からは、在来線と新幹線の線路が混在し合流する様子を眺めることができる。

奥津軽いまべつ駅のもう一つの特徴が、津軽線の津軽二股駅が隣接していることだ。別の駅の扱いなので、乗車券は通算できないが、徒歩での乗り換えが可能。ＪＲ全線の普通列車が乗り放題となる「青春18きっぷ」には、津軽二股駅を利用して北海道新幹線の奥津軽いまべつ～木古内間を利用できる、「北海道新幹線オプション券」が用意されている。

津軽二股駅には「道の駅いまべつ半島プラザアスクル」が併設されており、レンタカーやレンタサイクルも利用可能。路線バスはないが、津軽半島西側の津軽鉄道津軽中里駅まで事前予約制の乗合タクシーが運行されている。前日夕方までにネットで予約すれば、誰でも利用可能だ。

きこない
Kikonai

かつてはローカル線の
ジャンクションだった

# 木古内駅

―北海道上磯郡木古内町―

開業 1930（昭和15）年10月25日
接続路線 道南いさりび鉄道線

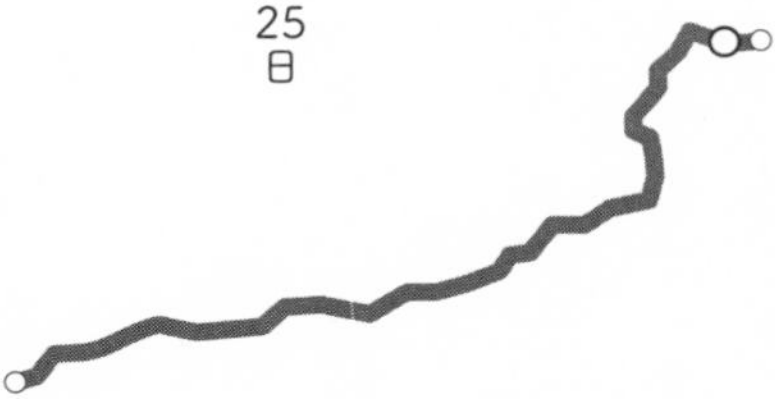

木古内は、人口4200人の町で、男たちが厳寒の海に入って身体を清める「寒中みそぎ祭り」で知られる。木古内駅は、津軽海峡線の一部だった江差線から転換した道南いさりび鉄道の乗り換え駅だ。「波と森のプロムナード」をコンセプトとした駅舎には道南地方の杉材がふんだんに使われている。

道南いさりび鉄道と隣接する木古内駅。駅周辺に道の駅など町の機能がコンパクトにまとまり観光の拠点としても使える

駅前には、新幹線の開業とほぼ同時にオープンした「道の駅みそぎの郷きこない」がある。北海道の道の駅満足度ランキングで1位を獲得したこともある人気のスポットで、観光客はもちろん地域住民の憩いの場にもなっている。

駅の南2キロの地点には、在来線と新幹線の共用区間の終点である木古内分岐部がある。分岐のすぐ横には、北海道木古内ビュースポット展望台もあり、新幹線と在来線貨物列車が同じ線路を走り、木古内分岐部で分かれる様子を見ることができる。木古内駅から展望台まではレンタサイクルやレンタカーでアクセスでき、新幹線と貨物列車の通過予想時刻も掲示されている。

木古内駅は、かつては五稜郭〜江差間を結んだ江差線と、木古内〜松前間を結んだ松前線の分岐駅だった。このうち松前線は、国鉄末期に廃止対象となる特定地方交通線に指定され、1988（昭和63）年1月31日限りで廃止された。一方の江差線は、五稜郭〜木古内間は津軽海峡線の一部として貨物列車や特急列車が頻繁に走っていたが、木古内〜江差間は松前線よりもはるかに乗客が少ないローカル線だった。しかし、木古内〜江差間は江差線の一部だったおかげで廃止対象とならず、北海道新幹線開業の2年前である2014（平成26）年5月まで存続した。国鉄の赤字ローカル線対策の矛盾を示した形だ。江差線の廃線跡は、一部区間が観光施設の「道南トロッコ鉄道」として活用されている。

しんはこだてほくと
Shin-Hakodate-Hokuto

駅名に苦労の跡が見える
暫定の終着駅

# 新函館北斗駅

―北海道北斗市―

開業　1902（明治35）年12月10日（本郷駅）
接続路線　JR函館本線

北海道新幹線の暫定的な終着駅で、札幌方面へ直通するため函館市街から約16キロ離れた北斗市にある。最初は函館本線の本郷駅として開業し、戦時中の1942（昭和17）年に渡島大野駅と改称された。新幹線の駅となるにあたり再び改称されることになったが、ここでも全国の新幹線駅で繰り返された名称をめぐる騒動があった。新駅の

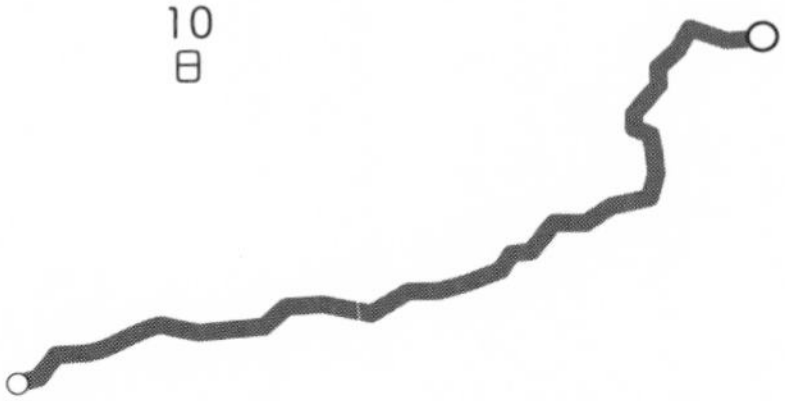

北斗市観光交流センターを併設する新函館北斗駅。隣接する立体駐車場からは新幹線が発着する様子がよく見える

仮称は計画以来「新函館駅」だったが、駅がある北斗市が北斗市の名称を入れてほしいと「北斗函館」を主張。両者の妥協点は見出せず、結局JR北海道は両者の名前をつなげただけの「新函館北斗」に決定した。この場合、「新」は不要で「函館北斗」とした方がスッキリしそうにも思えるが、「函館」と「北斗」のどちらかが語頭に来て目立つ事態を避けたのかもしれない。

新幹線の乗り場は、11番線と12番線の2面2線だが、札幌開業時に備えて13番線もレールがない状態で確保されている。11番線は、在来線の1・2番ホームと中間改札でつながっており、階段を上り下りすることなく乗り換えが可能。函館行きの接続列車快速「はこだてライナー」は1番線から発着するが、オールロングシートで、グランクラスやグリーン車の乗客もロングシートに座らなくてはならないのは惜しい。

駅舎内にはカフェレストランや駅弁売場、北斗市観光交流センターがあり、1階の待合スペースには、「北斗市」にちなんで漫画「北斗の拳」のケンシロウの銅像が置かれている。「北斗」という文字以外に縁はなく、市民有志が誘致したものだ。

渡島大野時代の駅周辺は、住宅と食堂が数軒あるのどかな集落だったが、区画整理された現在の駅前にはホテルとレンタカー施設があるほかはまだ空き地が目立つ。新青森駅のように、新しい町としてにぎわい始めるまでにはあと数年かかりそうだ。

著者

**栗原 景**（くりはら・かげり）

1971年、東京生まれ。旅と鉄道、韓国を主なテーマとするフォトライター、ジャーナリスト。小学生の頃から各地の鉄道を１人で乗り歩き、国鉄時代を直接知る最後の世代。1991年から鉄道関連書籍の編集に携わり、出版社勤務を経て2001年からフリー。多くの雑誌や書籍、ウェブに記事と写真を寄稿している。特に、東海道新幹線の車窓や沿線を10年以上にわたり観察しており、関連記事の執筆やメディア出演も多い。韓国に居住経験があり韓国旅行や韓国語に関する著作もある。主な著書に『東海道新幹線沿線の不思議と謎』（実業之日本社）、『国鉄・私鉄・ＪＲ　廃止駅の不思議と謎』（実業之日本社／伊原薫と共著）、『アニメと鉄道ビジネス』（交通新聞社）、『廃線跡巡りのすすめ』（交通新聞社）などがある。

装丁…杉本欣右
本文デザイン・DTP…Lush!
企画・編集・地図制作…磯部祥行（実業之日本社）
※本書に掲載した地図は、DAN 杉本氏制作のカシミール 3D とスーパー地形セット、国土地理院の地理院地図（地形図・空中写真）を使用して作成しました。

※本書は書き下ろしオリジナルです。

JIPPI Compact　じっぴコンパクト新書　377

東北新幹線沿線《とうほくしんかんせんえんせん》の不思議《ふしぎ》と謎《なぞ》

2021年12月1日　初版第１刷発行

著　者…………………栗原 景
発行者…………………岩野裕一
発行所…………………株式会社実業之日本社
〒107-0062　東京都港区南青山5-4-30
emergence aoyama complex 2F
電話（編集）03-6809-0452
（販売）03-6809-0495
https://www.j-n.co.jp/
印刷・製本…………大日本印刷株式会社


ISBN978-4-408-33964-1（第一アウトドア）